달의 이마에는 물결무늬 자국

문학과지성사에서 펴낸 이성복의 시집

뒹구는 돌은 언제 잠 깨는가(1980)
남해 금산(1986, 개정판 1994)
그 여름의 끝(1990)
호랑가시나무의 기억(1993)
정든 유곽에서(1996, 시선집)
아, 입이 없는 것들(2003)
래여애반다라(2013)

문학과지성 시인선 R 01
달의 이마에는 물결무늬 자국

초판   1쇄 발행 2012년 11월 30일
초판 10쇄 발행 2025년 5월 23일

지 은 이 이성복
펴 낸 이 이광호
펴 낸 곳 ㈜문학과지성사

등록번호 제1993-000098호
주   소 04034 서울 마포구 잔다리로7길 18(서교동 377-20)
전   화 02)338-7224
팩   스 02)323-4180(편집)   02)338-7221(영업)
전자우편 moonji@moonji.com
홈페이지 www.moonji.com

ⓒ 이성복, 2012. Printed in Seoul, Korea

ISBN 978-89-320-2362-5 03810

이 책의 판권은 지은이와 ㈜**문학과지성사**에 있습니다.
양측의 서면 동의 없는 무단 전재 및 복제를 금합니다.

문학과지성 시인선 **R 01**

달의 이마에는
물결무늬 자국

이성복

2012

시인의 말

    가속기와 브레이크 페달을 번갈아 밟을 때처럼 내 글쓰기가 지나친 갈망과 절망으로 울컥거리기만 할 때, 평소에 좋아하던 다른 나라 시에 말 붙이는 기회를 갖게 되었다. 결과적으로 내 관심사는 인용된 시를 빌미로 하여, 대체 나 자신이 무엇을 말하고 싶어 하는지 확인하는 것이었다. 이맘때, 한참 억지를 부리고 난 아이처럼 멋쩍어지는 것도 그 때문일 것이다. 우리말로 시를 옮기신 분들께 감사드린다.

                                                        2003년 10월
                                                           이성복

달의 이마에는 물결무늬 자국

차례

시인의 말

1 무엇을 말하고 싶었는지 모른다　11
2 풀잎은 약간 시든 채로 풀잎이었다　12
3 누이여, 그날 우리가 탄 배는　13
4 기다림이 오래 깊어　14
5 뭐 그런 소릴 할 수도　15
6 내 몸에 떠오르지 않을 물빛　16
7 한 번 온 적도 없었다는 듯이　17
8 짝짓는 일의 고단함이여　18
9 눈짓이 없었다　19
10 어쩌면 거기 있기나 한 듯이　20
11 비에 젖어, 슬픔에 젖어　21
12 잔치 국수 하나 해주세요　22
13 내게는 오직 한 분　23
14 배고픔이란 게 있다　24
15 달의 이마에는 물결무늬 자국　26
16 그 순간은 참 길었다　28
17 내막이야 잘 모르겠지만　29
18 그렇게 소중했던가　30
19 왠지 좀 부끄러울 뿐　31
20 관심을 끌기 위해서였다　32
21 이 새낀 때릴 데가 없네　33

22 내 왼손 가운데 손가락 반지　34
23 귀는 위험할 수밖에　35
24 다리야, 넌 참 좋겠다　36
25 이럴 땐 마냥 속아주기보다　37
26 지금은 생이 나를 피해 가는 시절　38
27 누군가 짜장면 면발을 틀니로 끊으며　39
28 내 영혼 흠잡을 데 없네　40
29 나는 저 아이들이 좋다　41
30 소녀들 철없다　42
31 언니라는 말의 배꼽　43
32 '싫어여', 그건 상주 말이다　44
33 우리 애기 옷 하나 해주지　45
34 짓던 옷 마저 못 짓고　46
35 아, 그걸 점심 값이라고　47
36 골목 안 낙원 밥집 딸내미　48
37 갑자기 베란다 뒤쪽에서　49
38 굵은 소금 등에 처바르고　50
39 그저 삥 둘러싸기만 해도　51
40 천사들의 판례집　52
41 봉분을 만들지 마라　53
42 어리석음은 박멸할 수 없는 것　54
43 말 한 마디가 척추를 곧추세운다　55
44 삶과 죽음이 불편한 자여　56
45 보채지 좀 마라　57
46 이 들녘에서 누가 우는가　58
47 완전 방수의 고무장갑과 달리　59
48 밤은 불꽃놀이를 좋아하지 않는다　60
49 밤이 나에게 빌려준 힘으로　61

50 당신은 어느 문으로 나오겠는가 62
51 검다는 것은 갈 데가 없다는 것이다 63
52 난 어둠을 믿을 수 없네 64
53 영혼의 과일엔 꼭지가 없고 65
54 끝내 얼굴에 떠오르는 것 66
55 고통의 경계를 표시하려는 것처럼 67
56 어떻든 견디기 힘드는 것 68
57 사랑은 사랑만을 사랑할 뿐 69
58 우리가 안다 해도 조금 아는 것뿐 70
59 물은 뭐든 낳고 싶어 하는데 71
60 K와 프리이다의 첫번째 性 72
61 K와 프리이다의 두번째 性 73
62 고압의 주문이 걸려 있어서 74
63 그것도 부대는 부대다 75
64 홍옥의 침묵도, 홍옥의 통곡도 76
65 리비도가 배꼽으로 가면 77
66 죽음이 권하는 술에는 78
67 다만 추억의 할례를 근심할 때 79
68 상처받은 새들은 내가 키우겠다 80
69 내 귀가 귓밥 몰아내는 소리 81
70 내가 마지막 손님은 아니었다 82
71 처음 내 눈이 어머니 눈을 83
72 칠십년대 유행가 식으로 84
73 무슨 天刑인가 85
74 애인아, 우리 화해하자 86
75 왜 우리가 그를 알아야 하나 87
76 꽃피지 말라 하면 88
77 어떤 은혜를 말하는가 89

78 잊지 못하는 자여, 이제는 잊어라 90
79 이래저래 삼십 방 91
80 공연히 없는 자두나무 흔들어 92
81 잘게 갈아 성냥개비를 만든다는 93
82 그는 참 이상한 꿈을 가졌다 94
83 떠나려 하면 못 떠난다 95
84 쏙아지가 못됐어야 한다 96
85 일단 나와 봐야 안다 97
86 모든 것은 압력의 차이 98
87 무라, 무라 99
88 불에는 불 사다리 100
89 다단계 사다리 발판 위에서 101
90 어디 한번 생각해보자 102
91 기도는 협박, 사랑은 봉변 103
92 나는 너의 이름을 끊는다 104
93 우선, 철저히 부러뜨릴 것 105
94 적에게는 눈이 없다 106
95 세상에 갈보집은 없다 107
96 되도록 안 보는 게 낫다 108
97 모든 건 자세의 문제이다 109
98 이런 땡초! 110
99 放下하라! 111
100 별 모양의 열대 과일 112

해설 | 깊은 오후의 열망 · 심재중 113
기획의 말 132

1
무엇을 말하고 싶었는지 모른다

> 오, 이것은 존재치 않는 짐승.
> 사람들은 알지 못했으면서도 그것을 사랑했다.
> ―라이너 마리아 릴케 「오, 이것은 존재치 않는 짐승」

  시의 첫 구절에 무엇이 들었는지 우리는 모른다. 무심코 지나가는 말이거나 심심풀이로 해본 말, 우리가 말하기 전에 말은 제 빛깔과 소리를 지니고 있었다. 시의 둘째 구절은 無染受胎, 교미도 없이 첫 구절에서 나왔지만 빛깔과 소리는 전혀 다른 것. 시의 셋째 구절은 근친상간, 첫 구절과 둘째 구절 사이에 태어났으니, 아들이면서 손자, 딸이면서 손녀. 눈 먼 외디푸스를 끌고 가는 효녀 안티고네. 말들의 혼례가 끝나는 시의 마지막 구절에서도, 우리는 정말 무엇을 말하고 싶었는지 모른다.

2
풀잎은 약간 시든 채로 풀잎이었다

> 나는 문 위의 쇠사슬 수갑을 흔들며,
> 밤새도록 사랑하는 손님을 기다린다.
> ─오시쁘 만젤쉬땀, 「레닌그라드」

 어릴 때 두 개의 사금파리 사이 풀잎을 끼워 넣고 무엇을 기다렸던가. 밥이 되길, 반찬이 되길 기다렸던가, 신랑 신부가 되길 기다렸던가. 푸른 사금파리 위 종일 햇빛 내리고, 풀잎은 약간 시든 채로 풀잎이었다. 누가 그를 두 개의 사금파리 사이 풀잎이 되게 했는가. 소꿉놀이 끝나도 아무것도 되지 않는 풀잎, 소꿉놀이 끝나면 아무도 돌아보지 않는 풀잎, 누가 그를 두 개의 사금파리 사이 시든 풀잎이게 했는가. 그날 푸른 사금파리 위 종일 햇빛 내리고, 풀잎은 약간 시든 채로 풀잎이었다.

3
누이여, 그날 우리가 탄 배는

> 내 사랑, 내 누이야,
> 꿈꾸어보렴, 거기 가서
> 단 둘이서 사는 달콤한 행복을!
> ―샤를르 보들레르, 「여행에의 초대」

  그해 늦은 봄, 저수지 옆 방갈로에서 일박. 모닥불 위로 날리던 기십만 개의 별들. 밤새 뻐꾸기 울음은 내 팔뚝에 흔들리는 木船의 그림자 같은 문신을 새기고, 누이여, 아침엔 그 많은 원추리 꽃들 어디서 네 눈을 찾아야 할지 몰랐다. 노란 꽃잎 선풍기 날개처럼 단 눈들, 윙윙대는 소리 굴렁쇠 바퀴처럼 굴리던 눈들. 지금도 뻐꾸기 울면 정신 나간 내 팔은 노 젓는 시늉을 하고, 누이여, 그날 우리가 탄 배는 윙윙대는 원추리 별들 사이 조심조심 나아간다, 밤새 잃어버린 네 눈을 찾아서.

4
기다림이 오래 깊어

> 과연 무엇이었을까? 진리였을까?
> 石英이었을까? 어쨌든 무엇이었다.
> ―로버트 프로스트, 「어쨌든 무엇이었다」

  석천 계곡에서 주워 온 돌 한가운데는 큰 나무가 있고, 나무 밑엔 긴 머리에 레이스 치마 입은 여자가 누굴 기다리고 있다. 기다림이나 뭐 그런 제목을 달아도 좋겠다. 그러나 자세히 보면 한 손으로 여자의 허리를 감싼 남자가, 다른 손으로 여자의 손을 잡고 왈츠 같은 춤을 추고 있다. 남자와 여자는 머리 살짝 맞대고 발 아래를 내려다본다. 그러나 다시 보면 긴 머리에 레이스 치마 입은 여자가 누굴 기다리고 있다. 아까까지 춤추던 남자는? 기다림이 오래 깊어 헛것을 보았던가.

5
뭐 그런 소릴 할 수도

> 나 역시 짐짓 속아보는 마음으로.
> 그런 뒤 사실을 말해버리고 다시 걸어 나갔다.
> 작년의 잎새들을 달고 있는 젊은 너도밤나무.
> ─ 로버트 프로스트, 「무한한 순간」

  나무의 석류들은 한결같이 땅을 향해 입을 쫑긋거린다. 오늘은 햇빛이 안 나네요, 쪼끔 목이 말라요, 뭐 그런 소릴 할 수도 있겠다. 여러 개 석류 알들이 같은 말을 저마다 다른 높이, 다른 음색으로 할 수도 있겠지만, 땅을 보며 말하는 것들은 그리 자신 있고 자랑스러운 모습은 아니다. 어떤 것들은 입맞추려는 듯 아예 땅바닥으로 내려오려고 안간힘이지만, 알고 보면 무거운 열매들을 지탱하지 못해 가지는 자꾸 아래로 처지고, 내려달라고 보채는 어린 열매들이 입을 삐죽이다 못해 울음을 터뜨리는 것이다.

6
내 몸에 떠오르지 않을 물빛

> 아! 그 죽음이 나를 기다리리
> 내 코르도바에 가기 전에.
> ―페데리코 가르시아 로르카, 「騎手의 노래」

 지금 수봉서원 앞마당 나무들은 버려진 가죽 장갑 같고, 구우려고 내놓은 포장마차 문어 다리 같다. 지금 수봉서원 앞마당 나뭇가지들은 뒤집어진 화투장 흑싸리 같고, 솔잎 혹파리 털 없는 긴 다리 같다. 그러나 그 나뭇가지 하나 손톱으로 긁으면 연둣빛 木質에 물기가 묻어난다. 올봄 나무들에 낄 벌레들이 예감하는 물빛, 벌레들 잡아먹는 새들의 눈에 묻어날 물빛, 여러 번 죽어도 내 눈엔 떠오르지 않을 물빛, 해마다 의심하지 않고, 확신하지 않는 것들에게만 돌아오는 물빛.

7
한 번 온 적도 없었다는 듯이

아, 우리가 장미를 찾아온 것은 아니었지만
우리가 왔을 때, 장미는 거기에 피어 있었다.
—베르톨트 브레히트, 「아, 어떻게 우리가 이 작은 장미를」

하루 만에 다 자랐다. 방 안에 들여놓은 호랑가시나무 화분에 흰 버섯 하나. 나도 아내도 눈 동그랗게 뜨고, 딸아이는 손뼉까지 쳤다. 언제 누가 오지 말란 적 없지만, 언제 누가 오라 한 것도 아니다. 잎 전체가 가시인 호랑가시나무 아래 흰 우산 받쳐들고, 오래전에 우리도 그렇게 왔을 것이다, 아내와 나 사이 딸아이가 찾아왔듯이. 언젠가 목이 메는 딸아이 앞에서 우리도 그렇게 떠날 것이다, 잎 전체가 가시인 호랑가시나무 아래 살 없는 우산을 접고, 언젠가 한 번 온 적도 없었다는 듯이.

8
짝짓는 일의 고단함이여

> 우리 사랑과 나태를 노래하자.
> 가질 만한 값진 것은 그것들뿐.
> ―에즈라 파운드, 「불륜」

　장미꽃 필 무렵 쌀벌레가 나방이 되고, 우리 집 흰 벽에 갈색 나방들이 날아 앉았다. 손가락으로 누르면 은빛 가루와 약간의 물기, 휴지에 침을 발라 닦아내곤 했다. 때로 보통 것보다 두 배는 긴 것들이 파리채에 얻어맞고 천천히 떨어졌다. 미끄러운 마룻바닥을 기면서도 짝짓기를 풀지 않는 것들! 밥 먹을 때는 개도 안 때린다는데, 고요히 헐떡거리는 것들 휴지에 싸서 창밖으로 던져주었다. 짝짓는 일의 고단함이여, 짝짓는 일의 삼엄함이여! 허공에 침 발라 닦아낼 수 없는 창피함이여!

9
눈짓이 없었다

> 기억하는가
> 오후의 깊이를?
> —페데리코 가르시아 로르카, 「메아리」

  영하 십 도까지 내려간 아침, 딸아이 친구가 맡겨놓은 병아리들이 어찌나 시끄러운지 베란다에 내놓았다. 오후에 담배 피러 나갔더니, 모로 쓰러진 병아리들 바르르 다리 떨다가 하나씩 고개를 꺾었다. 그들의 눈에는 눈짓이 없었다. 그 겨울 제주 바다에서, 수천 마리 물새들이 모래 깔린 차운 물에 발 담그고 있는 것을 보았다. 솟대 모형으로 깎아놓은 새들은 한결같이 같은 방향으로 서서, 태고의 삼엄한 의식을 집전하고 있었다. 그들의 눈에도 눈짓은 없었다.

10
어쩌면 거기 있기나 한 듯이

> 말들은, 열 명의 神들처럼, 깨끗한 커다란 발굽으로 걸어 나왔고,
> 그들의 갈기는 순결한 은총의 꿈을 연상케 했다.
> ─파블로 네루다, 「말들」

    간장에 절인 달걀처럼 검은 눈의 말이 내 앞에 있었다. 방아깨비처럼 가는 말의 다리는 내 가슴께 왔고, 뱃속으로 찔러 넣은 자지는 길이를 조절할 수 있는 망원경이나, 미곡 창고 같은 데서 가마니를 찔러보는 쇠파이프 같았다. 말은 말총 꼬리를 흔들어도 뱃가죽에 붙은 파리를 쫓을 생각이 없었고, 징 박은 발굽으로 제 똥이 말라가는 아스팔트 바닥을 몇 번이고 차보는 것이었다. 거기로부터 이어지는 어두운 낭하를 거쳐, 푸른 말젖이 흐르는 선조들의 하늘로 통하는 길이, 어쩌면 거기 있기나 한 듯이.

11
비에 젖어, 슬픔에 젖어

> 그러니까 그 나이였다…… 시가
> 날 찾아왔다. 난 모른다, 어디서 왔는지
> ─파블로 네루다, 「시」

오래 시를 쓰지 못했다. 그리고 추석이 왔다. 추석에는 어머니 사시는 고덕동에서 대치동 형님 집까지 올림픽대로를 타고 갔다. 영동대교를 지날 때 주현미의 '비 내리는 영동교'가 생각나, 그 노래를 부를까 하다가 아내가 한소리 할 것 같아 그만두었다. 그러나 막 영동대교 다리 밑을 지나자마자, 그 노래의 다음 구절인 '비에 젖어, 슬픔에 젖어'가 입속에서 터져 나왔다. 내가 부르지 않아도 노래는 흐르고 있었다. 비에 젖어, 슬픔에 젖어 노래는 내가 영동대교 다리 밑을 지나가기를, 지나갈 때는 좀더 유치해지기를 기다리고 있었다.

12
잔치 국수 하나 해주세요

> 허나 사랑이란 피곤해지면 잠자야 하는 것
> 또 굶주리면 먹어야 하는 것
> ─에밀리 디킨슨, 「사랑이란 죽은 이도」

내가 담장 너머로 '복분식 아줌마, 잔치 국수 하나 해주세요' 그러면 '삼십 분 있다가 와요' 하기도 하고 '오늘 바빠서 안 돼요' 하기도 하고. 그러면 나는 할매집 도시락을 시켜 먹거나, 횡단보도 두 번 건너 불교회관 옆 밀밭식당에 아구탕 먹으러 간다. 내 식욕과 복분식 아줌마 일손이 일치하지 않을 때, 재빨리 내 식욕을 바꾸는 것이다. 아니 식욕을 바꾼다기보다, 벌써 다른 식욕이 찾아오는 것이다. 내가 알던 여자들도 대개는 그렇게 왔다. 하루 이틀 지나면 그때는, 무얼 먹고 싶었는지 생각도 안 나는 세월에서.

13
내게는 오직 한 분

> 내 발이 내 손톱이 내 머리칼이
> 내 그림자가 꼴보기 싫을 때가 있다.
> 산다는 게 지긋지긋할 때가 있다.
> ─ 파블로 네루다, 「산책」

  동네 할매들과 아침 테니스 한판 붙으려고, 이천동 시멘트 계단을 사뿐히 오른다. 헤드보다 주먹이 먼저 나가야지, 무의식적으로 불끈 쥔 주먹 천천히 휘두르며, 이(李)생(生)우(雨), 정(鄭)사(士)현(顯), 최(崔)명(命)돌(乭), 이런 상징적인 문패들을 해독하다가, 아직 불 켜진 가로등 아래 기어코 찾아낸다. '깊은 밤 깊은 그곳에서 1대1로 하자'는 전화 데이트 전단. 내 마음 일편단심, 나는 철갑을 두른 중세 기사가 아니지만, 내게는 오직 한 분, 내 가난한 테니스를 번번이 좌절시키는 일흔일곱 살 회장 할머니가 있다.

14
배고픔이란 게 있다

> 어디에 카네이션을 재생시키는
> 지하의 불이 있는가?
> —파블로 네루다, 「다문 입으로 파리가 들어온다」

 배고픔이란 게 있다. 꺼지지 않는 배고픔. 뭘 못 먹어서가 아니다. 우리 아이 초등학교 때 할아버지 선생님, 72평 아파트 사는 승엽이 엄마 학교 오면, '이상하다, 난 왜 승엽이 엄마 얼굴만 보면 배가 고프지?' 하고 껄껄 웃었다는데, 정년퇴직 얼마 전 테니스 치다 세상 떠난 그이 배고픔은 테니스가 꺼준 것이다.

 그러나 아침해처럼 씩씩한 배고픔도 있다. 굶주린 흔적이 없는 배고픔. 보습학원 김 원장은 동네 테니스에서 수준급인데, 고수 가운데 고수 유 사장만 나타나면 입이 벌어진다. '유 사장님만 보면 이렇게 좋네요, 매일 좀 나오세요.' 하수 가운데 하수 나를 보면 똥 씹은 표정을 하는 그에게, 나는 상표 뜯긴 불량식품이다.

 출근 시간에 쫓긴 사내들 하나둘 자리 뜨고 나면, 왠지 나는 심드렁해진다. 환갑 진갑 다 지난 할매들한테 판판이 깨지면서도, 구력 십 년의 명예가 못 마뜩한 것이다. 구토감 일으키는 불량식품에게도 배고픔은 있다. 空腹처럼 썰렁한 아침 테니스 장에, 노란 공 쫓아다니는 백발의 할매들 미국 자리공처럼 낯설다.

15
달의 이마에는 물결무늬 자국

> 달에는 물로 된 돌이 있는가?
> 금으로 된 물이 있는가?
> ─파블로 네루다,「遊星」

 불 끄고 자리에 누우면 달은 머리맡에 있다. 깊은 밤 하늘 호수에는 물이 없고, 엎드려 자다가 고개 든 아이처럼 달의 이마엔 물결무늬 자국. 노를 저을 수 없는 달은 수심 없는 호수를 미끄러져 가고, 불러 세울 수 없는 달의 배를 탈 것도 아닌데 나는 잠들기가 무섭다.

 유난히 달 밝은 밤이면 내 딸은 나보고 달보기라 한다. 내 이름이 성복이니까, 별 성 자 별보기라고 고쳐 부르기도 한다. 그럼 나는 그애보고 메뚜기라 한다. 기름한 얼굴에 뿔테 안경을 걸치면, 영락없이 아파트 12층에 날아든 눈 큰 메뚜기다. 그러면 호호부인은 호호호 입을 가리고 웃는다. 벼랑의 붉은 꽃 꺾어 달라던 水路夫人보다 내 아내 못할 것 없지만, 내게는 고삐 놓아줄 암소가 없다.

 우리는 이렇게 산다. 오를 수 없는 벼랑의 붉은 꽃처럼, 절

해고도의 섬처럼, 파도 많이 치는 밤에는 섬도 보이지 않는,
절해처럼.

16
그 순간은 참 길었다

> 그 후 나는 우리가 만나기 전에 당신이 지나온 길을 지나갔고 당신은 내가 지나온 길을 지나갔습니다.
> ― 로버트 프로스트, 「만남과 지나감」

바람 쐬고 오는 길에 저쪽에서 내가 좋아하지 않는 사람이 오고 있었다. 엉겁결에 길 옆 상가건물의 교회로 들어갔다. 그가 지나가길 기다렸다 나왔지만, 다니지도 않는 교회 입구에서 그 순간은 참 길었다. 또 언젠가 그 사람이 내 앞에서 오는 걸 보고, 돌아서 다른 길로 들어가려다 정면으로 마주쳤다. 앞만 보고 걸었지만 그 순간도 참 길었다. 그리고 또 언젠가 내가 오는 걸 본 그가 골목 안으로 쑥 들어가는 것이 보였다. 내가 지나가길 기다리고 있을 어두운 골목길을 지나치면서, 그 순간은 한참 더 길었다.

17
내막이야 잘 모르겠지만

> 그들은 지혜롭게 되지 않았으며, 아무런 노래도 짓지 않았고,
> 아무 언어도 생각해내지 않았다.
> ―파울 첼란, 「그들 안에 흙이 있었다」

골목길에서 궁뎅이 펑퍼짐한 할매 둘이 하던 얘기. 이때까지 내 그런 생각 안 할라 했는데, 생각할수록 한심하고, 어이가 없어…… 내막이야 잘 모르겠지만, 당신한테도 그런 일이 있었을 거다. 형님, 형수님 제가 끝까지 모시겠습니다, 입의 혀같이 하면서 시도 때도 없이 백화점 옷 사 부치더니, 제 볼일 다 보고는 화를 벌컥 낸다든가 뭐 그런 일. 잠 안 오는 밤이면 옷장 문 벌컥 열었다가, 물끄러미 걸린 백화점 옷 또 그냥 두기로 한다. 花代로 내준 물고기, 교미 끝나자마자 물고 달아나는 갈매기는 깔끔한 데라도 있지.

18
그렇게 소중했던가

> 세계 위에, 지붕과 풍경들 위에,
> 내 몸을 풀어놓고 싶구나,
> 나의 꿈속에서는 쥐를 쫓는
> 불타는 욕망과 함께.
> —파블로 네루다, 「고양이의 꿈」

　버스가 지리산 휴게소에서 십 분간 쉴 때, 흘러간 뽕짝 들으며 가판대 도색잡지나 뒤적이다가, 자판기 커피 뽑아 한 모금 마시는데 버스가 떠나고 있었다. 종이컵 커피가 출렁거려 불에 데인 듯 뜨거워도, 한사코 버스를 세워야겠다는 생각밖에 없었다. 가쁜 숨 몰아쉬며 자리에 앉으니, 회청색 여름 양복은 온통 커피 얼룩. 화끈거리는 손등 손바닥으로 쓸며, 바닥에 남은 커피 입안에 털어 넣었다. 그렇게 소중했던가, 그냥 두고 올 생각 왜 못 했던가. 꿈 깨기 전에는 꿈이 삶이고, 삶 깨기 전에 삶은 꿈이다.

19
왠지 좀 부끄러울 뿐

> 비가 바람에게 말했습니다.
> "너는 밀어붙여, 나는 퍼부을 테니"
> ― 로버트 프로스트, 「쓰러져 있다」

 물위에 낮게 나는 잠자리를 개구리는 펄쩍 뛰어 잡아먹지만, 물속 올챙이를 잡아먹는 건 잠자리 유충이다. 일승 일패 무승부. 서울에서 유학할 때 고향 내려오면 때가 꼬지레한 친구들, 내 방 들어오려면 발부터 씻고 오라고 쫓아보냈지만, 지금은 비엠더블유 굴리고 서울 유명 교회 목사도 되고, 그 또한 일승 일패. 딴에는 열심히 끼여들기 해 시내까지 왔더니 집 앞에서 앞지른 차가 내 앞에 와 있다. 차 주인은 추월당했는지 모르니 미안할 것 없지만, 그래도 왠지 좀 부끄러울 뿐.

20
관심을 끌기 위해서였다

> 왜 나는 자꾸
> 40대의 소작인 처가 허리를 꼬부리고 걸어가는 것만 이야기하는가?
> 처녀들의 젖가슴은
> 예나 이제나 따스한데.
> ―베르톨트 브레히트, 「서정시를 쓰기 힘든 시대」

전에 고등학교 때 한참 정치에 꿈이 부풀어 있을 때, 국회의원 딸에게 편지를 보냈다. 답장은 오지 않았다. 대학 갓 들어가 예술이니 사상이니 미쳐 있을 때, 유명화가의 전시회에서 심오한 질문을 해댔다. 화가는 한참 쳐다보더니 쌩까버렸다. 다시는 글 안 쓴다고 군대에 가서는, 한참 뜨고 있는 여류시인에게 오밤중에 전화를 했다. 그녀가 정중히 전화를 끊었을 때, 그때도 참 부끄러웠다. 그러나 두고두고 창피한 것은 회사 들어가 처음 만난 여자 앞에서 노동자들이 불쌍하다고 울음을 터뜨린 것이다. 관심을 끌기 위해서였다.

21

이 새끼 때릴 데가 없네

> 물론 나는 알고 있다. 오직 운이 좋았던 덕택에
> 나는 그 많은 친구들보다 오래 살아남았다.
> ─베르톨트 브레히트, 「살아남은 자의 슬픔」

71년 가을 흥사단 골목 어정거리다 동대문서에 들어갔을 땐 '너 돌 던졌지?' '안 던졌습니다' 형사는 정말 '안 던졌습니다' 또박또박 받아 적었다. 먼 방에서 울부짖는 소리를 들으며 이틀 만에 나왔다. 80년 봄 야학 하다 남대문서에 끌려갔을 땐 '이 새끼 때릴 데가 없네' 그러더니 정말 한 대도 안 때렸다. DJ 지지 삐라 뿌린 야학 교장 거품 물고 욕했더니 사흘 만에 내보내줬다. 나와서는 계엄군 법무관이던 고등학교 동창과, 내란 음모죄 대학동창 만나게 해주고 흐뭇했다. 몸도 마음처럼 약했기 때문에, 나는 가해자도 피해자도 아니었다.

22
내 왼손 가운데 손가락 반지

> 가벼운, 그토록 가벼운
> 영혼의―
> 반지
> ―파울 첼란, 「연금술」

내 왼손 가운데 손가락 반지는 까만 코끼리 꼬리털 반지다. 미얀마 열대림에서 도 닦는 스님이 갖다준 것이다. 그 전엔 그 자리에 18금짜리 천주교 묵주 반지를 끼었다. 영세 받을 때 선물 받은 반지가 크다며 내게 준 사람이 있었다. 어쩌다가, 까맣게 반들거리는 코끼리 털 반지를 바라보며, 서랍 속에 남아 있을 노란 묵주 반지를 생각하고 한숨 짓는다. 그건 뭐 생모처럼 따르던 성모님한테 면목 없다는 뜻이 아니라, 한번 손가락에 낀 반지는 다시 벗을 수 없기 때문이다.

23
귀는 위험할 수밖에

> 그러니 창을 닫고 바람 소리를 듣는 대신
> 바람 부는 모습이나 바라보리라.
> ─로버트 프로스트, 「이제 창을 닫고」

 눈은 감고 뜰 수 있지만, 귀는 감고 뜨지 못한다. 사막의 낙타는 코를 열고 닫는다지만, 귀까지 열고 닿는다는 말은 없다. 귀는 쫑긋 세우거나 다소곳이 모을 뿐, 소리가 불쾌할 때는 손가락으로 틀어막는다. 귀를 감고 뜰 수 없다는 건, 감고 뜰 수 있는 눈보다 치명적이지 않다는 것. 하지만 귀를 찢는 아이 울음소리로 첨단 무기를 만드는 걸 보면 귀는 눈보다 덜 위험하지 않다. 지나가는 말 한 마디에 제 목숨 끊을 수도 있으니, 귀는 위험할 수밖에. 스스로 열고 닫을 수 없으니, 귀는 더 위험할 수밖에.

24
다리야, 넌 참 좋겠다

> 악의 없는 언어는 어리석게 여겨진다. 주름살 없는 이마는 무감각을 나타내게 되었다.
> —베르톨트 브레히트, 「후손들에게」

    선풍기 바람을 머리에 쐬니 정신이 하나 없고 이러다 감기 걸릴 것 같다. 선풍기 목을 꺾어 다리 아래로 쐬니 시원하기 그만이고 머리도 안 아프다. 다리는 머리가 없으니 바람을 쐬어도 불평이 없고, 오히려 좋다고 한다. 다리에 바람 불면 머리는 즐겁고, 머리의 즐거움은 곧장 다리로 가니, 머리의 즐거움이 다리의 즐거움이다. 머리에 선풍기 바람을 쐬게 해서는 안 된다. 머리는 감기도 잘 걸리고 생각도 많이 해야 하기 때문이다. 생각도 감기도 머리가 대신하니 다리야, 넌 참 좋겠다.

25
이럴 땐 마냥 속아주기보다

아, 사랑
가고 돌아오지 않는!
─페데리코 가르시아 로르카, 「세 강의 발라드」

  한 달 전 감기가 낫지를 않는다. 아스피린을 통째로 먹고 쌍화탕 물 마시듯이 마셔도 떨어질 생각을 않는다. 이만 하면 얼추 떨어질 만도 한데, 자고 나면 또 머리가 자근거리는 걸 보면, 저로서도 뭔가 빌미를 찾는 것이다. 저로서도 좀 생색 나고, 하다 못해 좀 덜 구차한 퇴로를 찾는 것이다. 한번 내지른 울음 마냥 그칠 수만 없어, 울다 말다 곁눈질하는 코찔찔이 아이처럼. 이럴 땐 마냥 속아주기보다 더 나은 할 일이 있으리라, 오래전 떠난 사랑에게도 떠날 이유를 챙겨주는 속 깊은 사람처럼.

26
지금은 생이 나를 피해 가는 시절

왜 너를 나한테 주지, 왜
네 밑을 나한테 주지, 백합으로 가득 차고
사랑과 네 일렁이는 가슴 소리로 가득 찬 그걸?
— 페데리코 가르시아 로르카, 「여름의 마드리갈」

   네 손을 잡으려는데 손이 없다면? 네 몸을 안으려는데 몸이 없다면? 네 밑을 내게 주는데 밑이 없다면? 언젠가 그런 생각이 들어, 늙어가는 몸을 찬찬히 들여다본 적이 있다. 입가는 내려앉고 손거죽 쭈그러들고 여윈 팔 몹시 후들거리고, 그리하여 이제 내가 욕망하는 사람의 욕망이 될 수 없다는 것, 이제는 내가 욕망하는 누구도 나를 제 욕망의 대상으로 삼지 않으리라는 것, 마주 오던 나를 보고 골목으로 피해 가던 중학교 때 친구처럼, 지금은 묵묵히 생이 나를 피해 가는 시절.

27
누군가 짜장면 면발을 틀니로 끊으며

우리는 카드놀이를 했고, 나는 눈동자를 잃고 말았다.
너는 나에게 너의 머리털을 꿔 주었으나, 나는 그것마저 빼앗겼고,
—파울 첼란, 「프랑스 추억」

너에게 빌린 돈은 꿈에서만 셀 수 있었다. 꿈에서만 너는 빚 독촉을 했다. 꿈에서는 카드를 긁을 수 없었다. 테이프로 붙인 네 입속에는 구겨진 카드가 잘게 찢긴 명세서에 싸여 있었다. 신종 인출기 페스트를 막기 위한 풍습이었다. 네 옷의 단추를 벗기면 네 얼굴 무인 카메라처럼 단속적으로 바뀌고, 어느 화면에서는 네 단추를 벗기는 나를 내가 또 바라보고 있었다. 누군가 짜장면 면발을 틀니로 끊으며, 弱視의 눈으로 내 꿈의 폐쇄회로를 지켜보고 있었다.

28
내 영혼 흠잡을 데 없네

> 영혼이 날 비난했네— 그래 난 두려워 떨었네—
> 금강석의 혀가 욕하기라도 한 듯
> —에밀리 디킨슨, 「영혼이 날 비난했네」

  내 영혼 흠잡을 데 없네. 감기 몸살 안 하고 술 안 먹고 노래방 안 가고, 높새바람에나 깃을 칠까, 착한 내 영혼 누군들 기뻐하지 않으리. 사람들 바로 살게 가르치고, 명절 선물 불편하면 거절할 줄 알고, 수재 의연금 잘 내고, 냈다는 건 마지못해 털어놓는 내 영혼 참으로 겸손하다. 한때 내 영혼 나쁜 줄만 알았네, 샘 많고 별나고 잘 삐치던 내 영혼, 하지만 이젠 추어탕 집 아줌마도 내 인상 좋다 하니, 자손 대대로 복 받겠네. 착한 내 영혼, 더 늙기 전에 러시아 식 스포츠 마사지 한 번 받아봤으면 좋겠네.

29
나는 저 아이들이 좋다

나는 영혼에 육신을 입히는
이 세상 모든 것을 너무 사랑했다.
— 세르게이 예세닌, 「우리는 지금」

나는 저 아이들이 좋다. 조금만 실수해도 얼굴에 나타나는 아이, '아, 미치겠네' 중얼거리는 아이, 새로 산 신발 잃고 종일 울면서 찾아다니는 아이, 별것 아닌 일에도 '애들이 나 보면 가만 안 두겠지?' 걱정하는 아이, 좀처럼 웃지 않는 아이, 좀처럼 안 웃어도 피곤한 기색이면 내 옆에 와 앉아도 주는 아이, 좀처럼 기 안 죽고 주눅 안 드는 아이, 제 마음에 안 들면 아무나 박아버려도 제 할 일 칼같이 하는 아이, 조금은 썰렁하고 조금은 삐딱하고 조금은 힘든, 힘든 그런 아이들. 아, 저 아이들 가운데 하나라도 내 품에 안겨들면 나는 휘청이며 너울거리는 거대한 나무가 된다.

30
소녀들 철없다

저희들에게 무슨 일이 일어나게 하옵소서.
목숨을 향하여 이렇게 보채임을 굽어보소서.
　　—라이너 마리아 릴케, 「마리아께 드리는 소녀들의 기도」

　소녀들 철없다. 무슨 일 한 번 있으면 그만이지. 또, 또 자꾸 보챈다. 전에 우리 아이 놀러갈 때면, 버스 언제 와? 언제 도착해? 언제 밥 먹어? 언제 집에 가? 언제 씻고 자? 늘 그러더니, 소녀들 너희 잠시도 머물 줄 모르는구나. 빨리 중학교 들어가고, 고등학교, 대학교 들어가고, 빨리 결혼하고, 애 낳고, 빨리 애 초등학교 들어가고, 그러고 나면 또 뭐 할건데? 소녀들, 너희가 그리워한다는 이유만으로 붉은 장미는 피지 않는다. 너희는 또 지지 않는 붉은 그리움을 너희 딸들에게 물려줄 것이다.

31
언니라는 말의 배꼽

> 누이들은 서로서로 이용할 필요가 없습니다.
> 그들은 피와 피가 엉켜 있으니까요.
> ─라이너 마리아 릴케,「누이들」

  아내가 자기 언니 보고 '언니!' 그럴 때는, 반쪽 짝 갈라놓은 水晶의 내부 같은 것이 보인다. 촘촘한 보랏빛 각진 기둥들이 지키는 原石의 내부, 아내에게도 언니에게도 없는, 언니라는 말의 내부. 한 번도 따라 들어가 본 적 없지만, 한 번도 따라 들어가지 못한 나만이 아는 내부, 자기 언니를 '언니!' 하고 부르는 아내를 나는 생전 알지 못할 것이다. 그러나 자기 동생이 아내한테 '언니!' 부를 때는, 마른 감꽃처럼 닫힌 어떤 皮質의 문 앞에 나는 선다. 그 또한 내가 들어갈 수 없는 언니라는 말의 배꼽.

32
'싫어여', 그건 상주 말이다

체중이 가벼운 그녀는 땅을 거의 누르지도 않았다.
그녀가 이처럼 가볍게 되기까지, 얼마나 많은 고통을 겪었을까!
―베르톨트 브레히트, 「나의 어머니」

나보다 잘난 사람 있는 자리 가기 싫어여, 여든여섯 우리 어머니의 조심스런 고백. '싫어여', 그건 상주 말이다. 어릴 때 동네 아이들은 상주 말이 표준말이고 상주가 서울이 되어야 한다고 우겼다. 서울에서 학교 다닐 때 친구들 집에 오면 어머니 사투리 쓰는 게 미치게 부끄러웠다. 서대문 시장 버려진 푸성귀 주워 김치 담그면서, 어머니 주위에 어머니보다 못한 사람은 별로 없었다. 나보다 잘난 사람 있는 자리 가기 싫어여, 아파트 단지 경로당 다녀와서 우리 어머니, 이젠 인터넷 채팅 표준어로 고백하신다.

33
우리 애기 옷 하나 해주지

> 나는 생각한다, (……)
> 다시는 영원히 도로 찾지 못할 것을
> 잃어버린 모든 사람들을!
> ─샤를르 보들레르, 「백조」

  우리 어머니 사촌 여동생, 교사였던 남편은 인민군 노래 가르치다 붙들려가 소식 없고, '오빠, 우리 애 아빠는 어떻게 됐겠어?' '죽었겠지' 무심한 오빠 말에 한 달을 못 앓고 세상 떠나고, 외갓집에 맡겨진 세 살, 다섯 살 아이들, 섣달 그믐날 저희 외숙모 옷 짓는 것 보고 '우리 애기도 옷 하나 해주지' 큰아이 중얼거리더니, 봄 오기 전 시들던 동생 먼저 가고, 그 봄 가기 전에 저도 따라갔다는 이야기, 우리 어머니 해주지 않았으면 있지도 않았을 이야기, 내가 안 해도 세상엔 쌔빌린 이야기.

34
짓던 옷 마저 못 짓고

> 떡갈나무 대문이여, 누가 너를 부수었는가?
> 내 온화한 어머님은 돌아오실 수 없다.
> ─파울 첼란, 「백양목」

    하늘의 무서운 새가 내 어머니 물고 간다. 울다가 웃다가 짓던 옷 마저 못 짓고, 내 어머니 절도 못 받고 간다. 자다가 말다가 짓던 밥 마저 못 짓고, 내 어머니 신발도 못 신고 간다. 어쩔꼬, 하늘 깊은 둠벙에 내 어머니 빠지신다. 차갑게 푸르던 하늘 둠벙에 어머니 잿빛 머리카락 가득한데, 어머니 꺾인 목은 누가 세우나, 비틀려 굳은 다리 누가 펴주나. 어쩔꼬, 정짓간 돌절구 같은 하늘 둠벙에 내 어머니 안 보이신다. 비름박 마른 시래기 같은 어머니 이제 안 보이신다.

35
아, 그걸 점심 값이라고

> 어떤 영혼들은
> 푸른 별들을 갖고 있다.
> ─페데리코 가르시아 로르카, 「어떤 영혼들은…」

    어떤 순결한 영혼은 먹지처럼 묻어난다. 가령 오늘 점심에는 사천 원짜리 추어탕을 먹고 천 원짜리 거슬러 오다가, 횡단보도 앞에서 까박까박 조는 남루의 할머니에게 '이것 가지고 점심 사 드세요' 억지로 받게 했더니, 횡단보도 다 건너가는데 '미안시루와서 이거 안 받을랩니다' 기어코 돌려주셨다. 아, 그걸 점심 값이라고 내놓은 내가 그제서야 부끄러운 줄 알았지만, 할머니는 섭섭다거나 언짢은 기색 아니었다. 어릴 때 먹지를 가지고 놀 때처럼, 내 손이 참 더러워 보였다.

36
골목 안 낙원 밥집 딸내미

> 그렇게 에덴은 슬픔에 잠기고,
> 새벽은 한낮이 된다.
> 어떤 찬란한 것도 오래가지 못하리.
> ― 로버트 프로스트, 「어떤 찬란한 것도 오래가지 못하리」

  골목 안 낙원 밥집 딸내미는 웃는 상이다. 방 안엔 오십대 후반 아줌마들의 계모임, 다단계 판매 얘기로 언성 높인다. 주방엔 가득 쌓인 조기 새끼들 굽는 마른 마늘쫑 같은 할매들. 빛 안 드는 낙원 밥집 차양에 붉은 녹 뜯고, *끈끈이*에 붙은 파리 떼 선풍기 바람이 즐겁다. 골목 안 낙원 밥집, 딸내미 나기 전부터 이 골목에 있었으니 주방에서 안방으로, 안방에서 주방으로 여자들 자리만 옮길 뿐. 비닐 랩에 싼 찬그릇 스텐 쟁반에 이고 낙원 밥집 딸내미 배달 나간다, 선풍기 바람에 날리는 *끈끈이*처럼 두 팔 내저으며.

37
갑자기 베란다 뒤쪽에서

> 그러나 하늘의 고요함이 지금 당장 눈앞에
> 깨어지기를 바라며 잠 안 자고 바라보는 이가 있다면
> 그것은 헛일이 될 것이다.
> 오늘 밤도 고요함은 계속될 것 같아 보인다.
> ─로버트 프로스트, 「우연히 성좌를 쳐다보면서」

갑자기 베란다 뒤쪽에서 악, 악 비명 소리 들려 슬리퍼 끌고 나와 보니, 장바구니 손에 끼고 여자는 발버둥치고 '여보, 정신 차려, 여보!' 남자는 통사정을 하지만 여자는 악, 악 비명 소리 더 크게 지르고, 길 가던 사람들 수군거리는데 여자는 벌떡 일어나 차도를 가로질러 뛰어가다가, 갑자기 돌아서 차도 한가운데로 내달리는데 급 브레이크 밟은 차들 창유리 내리고 기웃거리고, 남자는, 아 고개 떨군 남자는 저만치 뒤따라가고 있다. 오늘 밤도 고요함은 계속될 것 같다.

38
굵은 소금 등에 처바르고

> 어떤 여인들은 파도와 같다. 그녀들의 젊음을 모두 바쳐 솟구쳐 올라, 도저히 되돌아올 수 없는 높이의 바위를 뛰어넘고 만다.
> ―르네 샤르, 「어떤 여인들은」

어떤 여인들인가, 굵은 소금 등에 처바르고 일생일대의 솟구침을 준비하는 그녀들. 고통은 그녀들의 입이 닫히지 않도록 마른 나뭇가지 버텨주고, 그녀들의 외로움 비닐 끈으로 엮어주었다. 그녀들 등에서 떨어지는 소금 알갱이가 그녀들 가슴에서 나온 것이라면, 그녀들을 매단 녹슨 대못은 그녀들 그리움에서 나온 것. 어떤 여인들인가, 몸부림쳐도 떨어지지 않는 그날의 파도 비늘 몇 장으로 간직하고, 희멀건 동공으로 흐린 하늘을 센베 과자처럼 말아 올린 그녀들.

39
그저 삥 둘러싸기만 해도

> 무엇 때문에 캄캄한 밤이
> 내 입 가운데에서 부풀어오르는가?
> 그들은 무엇 때문에 죽었는가?
> ─ 파블로 네루다, 「어디냐고 묻는다면」

 생각 같아서는 수백 마리 영양들이 뿔뿔이 달아나지 않고 그저 삥 둘러싸기만 해도, 대여섯 마리 들개에게 물어뜯기는 어린 영양을 구할 수도 있었을 텐데, 그게 쉽지 않은 것도 생명의 신비라 할까. 사람 사는 세상에도 어김없이 통하는 야비와 비겁의 신비라 할까. 그날, 돼지 막창에 소주 한잔으로 불콰한 오후, 싸인 좀 해달라고 내민 '효순이를 살려내라!'는 서명지에, 비틀거리는 이름과 전화번호 적어넣으며, 나는 또 어린 영양의 창자를 끈질기게 물어뜯는 불콰한 턱주가리를 보았던가.

40
천사들의 판례집

> 행여 내 울부짖은들, 뉘라 천사들의 계열에서
> 날 들으리? 하물며 어느 천사가 있어
> 불현듯 나를 가슴에 안아준다 한들.
> ―라이너 마리아 릴케, 「두이노의 비가 1」

그러니까 우리 사는 세상은 천사들의 판례집. 지방법원 고등법원 거쳐 대법원까지 가는 사건도 있고, 중간에 농간 치는 변호사 사무장도 있다. 물론 모두가 형사범은 아니어서 돈이나 사랑 문제로 고민하는 천사들, 숨 넘어갈 때까지 송사만 벌이는 천사들도 있다. 우리는 날 때부터 타락한 천사들, 우리가 아우성쳐도 선량한 천사들의 계열에서 들어줄 리 없지만, 정도가 심하면 법정 모독죄가 추가된다. 우리 사는 세상에 면회 오는 천사들은 없다. 우리를 옥바라지하던 한 분 어머니는 돌아가셨다.

41
봉분을 만들지 마라

기념비를 세우지 마라. 장미꽃으로 하여
그저 해마다 그를 위해 피게 하라.
— 라이너 마리아 릴케, 「기념비를 세우지 마라」

합천의 도예가 김종희 선생은 돌아가실 때 봉분을 만들지 마라 했다. 짐승들 다니는 데 걸리적거리기 때문이다. 푯말은 땅에 묻어 묫자리만 알리라 한 것도 사람의 몸이 땅보다 높지 않기 때문이다. 자손들 모여 곡하지 말고, 국밥과 고기 대신 차를 나누라 한 것도 사람의 죽음이 별일 아니기 때문이다. 화장 대신 매장의 관례를 따른 것도 땅속 미물들의 밥을 빼앗을 수 없기 때문이다. 흙에서 와서 흙으로 돌아가지만, 와서 굶주리지 않았으니 가서도 굶주리지 않게 해야 한다.

42
어리석음은 박멸할 수 없는 것

> 내 청춘의 거짓된 허구한 나날 내내
> 햇빛 속에 잎과 꽃들을 흔들었네.
> 이제 진실 속으로 시들 수 있으리.
> ―윌리엄 버틀러 예이츠,「지혜는 시간과 더불어 오다」

    옥수수 박사 김순권 교수의 획기적인 아이디어는 옥수수에 기생하는 스트라이거 균과 공생하는 방법을 찾아낸 것. 스트라이거 균은 박멸할 수 없다. 강한 약 기운에 숨어 있다가 더 큰 耐性으로 되살아나는 것. 어리석음은 박멸할 수 없다. 늙기 전부터 지혜는 어리석음과 함께 있었던 것. 지혜의 나무 무성한 잎새를 보려거든, 땅속 어리석음의 뿌리에도 자주 물을 줄 것. 잘 자란 나무에 꽃이 피면, 진실이니 거짓이니 그런 시비는 벌이지 마라, 지혜롭지 못한 것.

43
말 한 마디가 척추를 곧추세운다

> 벌써 오래전부터 나에게서
> 죽음의 공포는 사라졌다. 나 자신이
> 없어지리라는 것만 빼놓으면, 다른 것은
> 하나도 달라질 수가 없기 때문이다.
> ―베르톨트 브레히트, 「자선병원의 하얀 병실에서」

 디스크를 고치는 어느 물리치료사의 치료시간은 고작 일분. 그가 하는 일은 뼈마디 하나씩 뺵 잡아 비틀어 올리는 것. 한 마디 말의 뼈마디가 바로 세워짐으로써 여우 몸을 벗은 스님도 있다. 깨친 사람은 因果에 '안 떨어진다〔不落〕'고 했다가 여우가 된 그는 '어둡지 않다〔不昧〕'는 祖師의 말에, 오백 년 만에 사람이 되었다. 문제는 뼈마디가 놓이는 자리와 자세이고, 그것은 말이 결정한다는 것. 서 있는 모습이 아름다운 어느 여교사는 가슴을 펴려 하지 말고 들어올리라고 했다. 그렇다, 말 한 마디가 척추를 곧추세운다.

44
삶과 죽음이 불편한 자여

> 나도 어느 날
> 그들처럼 떠나리라.
> ―자크 프레베르, 「축제」

 이 세상에서 사람은 상록수 방식으로 사는가, 활엽수 방식으로 사는가. 학생들한테 물으면 열의 아홉은 활엽수 방식이라 한다. 그럴까. 가을 되면 다리털 빠지고, 머리카락 다 빠져 대머리 되고, 겨울 되면 서울 사람들 다 죽어가는가. 봄 오면 다리털 자라나고, 번쩍이는 대머리에 머리털 무성하고, 서울 사람들 강변 억새풀처럼 되살아나는가. 이 착각이 어디서 오는지 몰라도, 인도에서 불교가 발달한 것은 잎 지고 잎이 나는 북방에서라고 한다. 삶과 죽음이 불편한 자여, 동네 뒷산 소나무 밑에 가 보아라.

45
보채지 좀 마라

> 우리 숨 쉴 때마다, 안 보이는 강물처럼 죽음은
> 희미한 탄식 소리 지르며 허파 속으로 내려간다.
> ― 샤를르 보들레르, 「독자에게」

 수레바퀴가 돌아도 중심은 돌지 않는다. 테두리가 돌면 중심 축은 나아간다. 중요한 건 이뿐, 테두리가 중심 축 폼을 잡아서는 안 된다. 테두리가 돌기에 중심 축이 나아가는 게 아니라, 중심 축이 나아가기에 테두리가 도는 것. 우리는 모른다, 누가 이 수레를 어디로, 언제까지 끌고 가는지. 영원한 수레는 나아가고, 헛되이 바퀴는 돌고 도는 것. 아 미치겠다 보들레르야, 보채지 좀 마라. 네 헛소리가 자갈밭 구르는 수레바퀴 소리보다 크구나. 어째 그리 넌 말귀를 못 알아듣냐.

46
이 들녘에서 누가 우는가

> 내가 말했잖아
> 이 들녘에서 엎드려 울게
> 날 좀 제발 내버려둬.
> ―페데리코 가르시아 로르카, 「아!」

 이 들녘에서 밤은 그을음처럼 오고, 마른 쑥부쟁이 너의 목은 쉽게 꺾어진다. 이 들녘에서 네가 운다고 하지 마라. 오래전부터 들녘은 제 울음을 울고 있었다. 오래전에 다친 무릎처럼, 오래전에 집 나간 개들처럼 들녘은 운다. 이 들녘에서 들녘이 운다고 하지 마라. 오래전부터 한 울음이 울고 있었다. 울음은 엄나무 뿌리와 은모래를 적시고, 남은 울음은 그물에 걸린 새의 부리 속으로 들어갔다. 다만 귀를 막고 목 꺾인 새의 울음소리 들어보아라.

47
완전 방수의 고무장갑과 달리

> 물고기, 헤엄치는 사람, 배들은
> 물에 변화를 일으킨다
> ―폴 엘뤼아르, 「물고기」

 헤엄치는 물고기를 완벽하게 감싸는 물, 물은 물고기 전신에 물 마사지를 하는 것이다. 이를테면 귤도 그렇다. 여드름 자국 송송한 귤 껍데기는 젤리 같은 과육을 완벽하게 감싼다. 완벽하다는 것은 제 속의 것들이 숨 쉴 수 있도록 치밀하게 구멍 뚫어놓았다는 것이다. 완전 방수의 고무장갑과 달리, 물에 담근 당신의 손이 쪼글쪼글해지는 것은 뚫린 구멍으로 당신이 숨쉬고 있었다는 것이다. 오래 젖은 당신의 손처럼, 나날이 내 얼굴 초췌해지는 것은 당신이 내 속에서 숨 쉬고 있었기 때문이다.

48
밤은 불꽃놀이를 좋아하지 않는다

밤은 결코 완전한 것이 아니다.
내가 그렇게 말하기 때문에
— 폴 엘뤼아르, 「그리고 미소를」

  밤은 불꽃놀이를 좋아하지 않는다. 차라리 시든 잎에 물을 주면 좋아하지 않을까. 어두운 잎새들이 모가지에 닿는 느낌 밤이 싫어할까. 밤은 갈아놓은 마처럼 끈적거리는 것을 좋아하지 않는다. 차라리 마른 빵가루 하늘에 뿌려주면 좋아하지 않을까. 밤은 문고리를 달그락거려도 문을 열 수 없다. 밤이 마냥 문간에 서성거리는 게 신경 쓰여서, 당신은 불을 끄고 커튼을 내리지만 밤은 고양이보다 빨리 옷장 뒤로 숨는다. 내일 새벽 갈아입을 옷 하늘에 두고 온 밤.

49
밤이 나에게 빌려준 힘으로

밤은 오고 싶지 않은가 보네
그대가 오지 못하도록
내가 가지 못하도록.
— 페데리코 가르시아 로르카, 「절망적인 사랑의 가셀라」

　밤은 버선코 같은 달의 수레를 모네, 얼굴에 검버섯 핀 낮에게 가려고, 하얗게 잠든 귀밑머리 물들여주려고, 미루나무 꼭대기에 달의 수레 걸리면 밤은 우리 집에 들러 새참도 하네. 나는 밤이 놀랄까 봐 마루 불 끄고 부엌불도 꺼주네. 밤은 내가 놀랄까 봐 문도 안 열고 헛기침도 안 하네. 어두운 창가에서 조개가 혀 내미는 그만큼만 눈을 뜨고, 나는 잠든 달의 수레 밀어도 보지. 內衣 속 하얀 별들 뽀송뽀송 맺힐 때까지 잠든 달의 수레 끌어도 보지. 깜깜하게 웅크린 밤이 늙어가는 나에게 빌려준 힘으로.

50
당신은 어느 문으로 나오겠는가

> 창살 뒤에서
> 울음 울며 크게 자란
> 나의 모든 돌과 함께
> ―파울 첼란, 「쉽볼렛」

 붕대로 머리 싸맨 아폴리네르처럼 이끼 낀 돌이 있다. 애초에 괴로울 '苦'자를 닮은 돌, 이미 괴로웠던 것 아니고 무작정, 무한정 괴로울 돌. 제 옆의 누구와도 제 괴로움 공유할 수 없다고 겨드랑이까지 팔 치켜올린 돌. 전봇대 가로 막대처럼 제 목을 받치고 깍지 풀지 않는 돌. 비늘 돋은 혓바닥으로 마른 입천장 핥으며 몇 안 되는 이빨을 밀어도 보는 돌. 그러나 돌은 이끼 낀 제 움집에서 빠져 나올 생각이 없다. 온몸이 집이라면 당신은 어느 문으로 나오겠는가.

51
검다는 것은 갈 데가 없다는 것이다

나는 흐르지 않는 물속에 침몰하는 선박과 같았으니까,
나는 죽은 사람처럼 물 밖에는 없었으니까.
— 폴 엘뤼아르, 「이곳에 살기 위하여」

    검은 물 고인 스텐 강판은 막소주 부어도 지워지지 않고, 장의차 기사는 연신 쌍욕을 했다. 검은 물, 축제 전날 밤 콘크리트 맨바닥에서 불타 죽은 물. 경찰수사와 보상금 시비로 달포를 개긴 검은 물. 물이 검다는 것은 갈 데가 없다는 것이다. 물이 검다는 것은 치렁치렁한 푸른 몸 잊었다는 것이다. 강아지 같은 파도와 흰 물구비 아예 잊었다는 것이다. 갈 데 없는 것들은 꼭 돌아온다. 번쩍이는 스텐 강판 타고 돌아와 막소주와 함께 잠드는 물. 아무도 이불 덮어줄 수 없는 검은 물.

52
난 어둠을 믿을 수 없네

> 내 거기서 태어난 그대 어둠이여,
> 내 불꽃보다 그대를 사랑하네.
> ―라이너 마리아 릴케, 「그대 어둠이여」

    언젠가 들킬 줄 알았지만 오래 버텼네, 어둠이여. 빛은 네 오랜 지병의 명백한 증거, 빛은 아픈 피가 어두운 몸 바깥으로 흘러나온 것. 굳어버린 간에서 역류한 피가 상처 난 위벽을 찢고 입 밖으로 토해진 것. 어둠이 앓고 있다는 다른 증거는 필요 없네. 아플 만큼 아팠는데 어둠은 자꾸 아프고, 미안한 빛은 꾸물거리며 지나가네. 빛이여, 너를 쏟아낼 때마다 어둠은 목이 마르네. 목마른 어둠은 내 종아리에 달라붙어 피를 달라 하네. 난 어둠이 겁나네. 난 어둠을 믿을 수가 없네.

53
영혼의 과일엔 꼭지가 없고

> 영혼이란 제 있을 곳을 선택하는 법
> 그러곤—문을 닫아버리지—
> —에밀리 디킨슨, 「영혼이란 제 있을 곳을」

무언가 흐르거나 오르는 곳에 영혼이 있다고 생각하면 틀리지 않는다. 외딴 골짜기나 깊은 강가에 촛불을 켜고, 꼭지 도려낸 수박과 면도한 돼지로 재를 올리는 것은 그 때문이다. 영혼의 과일은 꼭지가 없고, 영혼의 몸통엔 머리가 없다. 따로 기억의 장소를 갖지 않기 때문이다. 기억 없으니 망각이 없는 영혼은 눈치코치 없고, 빨대와 빨판 없어도 잘도 빨고 빨려 올라간다. 거의 무늬뿐인 잠자리 날개와 거의 구멍뿐인 새들의 가슴뼈, 외딴 골짜기나 깊은 강가에서 그런 것들을 느끼면서 당신의 영혼은 더욱 가벼워진다.

54
끝내 얼굴에 떠오르는 것

> 환희란 내륙의 영혼이
> 바다로 가는 것,
> 집들을 지나, 岬을 지나—
> 깊은 영원으로—
>   —에밀리 디킨슨, 「환희란 내륙의 영혼이」

  환희란 끝내 얼굴에 떠오르는 것, 떠오르기 전까지 아무것도 아니다. 水路에 묻혀 있는 폐비닐 같은 것. 짙은 안개 속 달달거리는 경운기처럼 환희가 나타나면, 은박지 소리로 구겨지는 얼굴은 가문 논바닥 불타는 금을 훔치고, 번개 치는 하늘 번개를 훔치고, 텅 빈 두개골 속으로 한사코 들어가려는 듯, 텅 빈 두개골을 한사코 부수려는 듯. 마침내 환희가 지나가면 얼굴은 꺼낸 지 오래되는 냉동 연어의 살점이거나, 군데군데 정액을 묻힌 피로한 陰部 같은 것.

55
고통의 경계를 표시하려는 것처럼

> 크나큰 고통이 지난 뒤엔, 형식적인 느낌이 오네—
> 마치 무덤처럼, 神經들은 엄숙히 가라앉고—
> —에밀리 디킨슨, 「크나큰 고통이 지난 뒤엔」

    셀 수 없는 다리처럼 바지런한 고통이 있고, 탱크의 캐터필러처럼 뚜렷한 자국을 파는 고통이 있다. 고통 속에는 누군가 타고 앉아 핸들을 잡고 있다. 그가 힘껏 페달을 밟으며 너털웃음 터뜨리면, 웃음소리에 맞춰 새로 해 박은 당신의 어금니가 흔들리고, 멀쩡한 다리는 석유 시추공처럼 내려 박힌다, 예정된 속도와 정확한 각도로. 이윽고 고통이 멎으면, 당신은 또 한쪽 다리를 들고 뜨거운 오줌을 찔길 것이다. 그 와중에도 오직 당신의 것인, 고통의 경계를 표시하려는 것처럼.

56
어떻든 견디기 힘드는 것

술잔을 입에 대면서
내 그대를 쳐다보고 한숨짓는다.
—윌리엄 버틀러 예이츠, 「술노래」

 사랑은 어떻든 견디기 힘든 것, 소련의 브레즈네프가 환영 나온 차우셰스쿠를 포옹하듯 서로 딴 방향을 바라보는 것. 부둥켜안은 그들은 무슨 생각을 하고 있었을까. 어쩌든지 기쁨은 견뎌내기 어려운 것, 새 옷 사자마자 딱지 떼고 헌 옷 만들거나, 새로 산 만년필 촉 손톱으로 깐작거려 그날 밤 안으로 망가뜨리는 것. 내 기쁨 그대 눈으로 흐르고, 내 사랑 그대 입으로 흘러들어도, 그대 날 바라보며 공연히 한숨짓는 건 넘치는 사랑과 기쁨 견뎌낼 자신이 없기 때문이다.

57
사랑은 사랑만을 사랑할 뿐

나는 너를 사랑한다 내가 알지 못하는 모든 여인들을 위하여
나는 너를 사랑한다 내가 체험하지 못한 모든 시간들을 위하여
— 폴 엘뤼아르, 「나는 너를 사랑한다」

　사랑은 자기반영과 자기복제. 입은 비뚤어져도 바로 말하자. 내가 너를 통해 사랑하는 건 내가 이미 알았고, 사랑했던 것들이다. 내가 너를 사랑한다 해서, 시든 꽃과 딱딱한 빵과 더럽혀진 눈[雪]을 사랑할 수 없다. 내가 너를 사랑한다 해서, 썩어가는 생선 비린내와 섬뜩한 청거북의 모가지를 사랑할 수는 없다. 사랑은 사랑스러운 것을 사랑할 뿐, 사랑은 사랑만을 사랑할 뿐, 아장거리는 애기 청거북의 모가지가 제 어미에게 얼마나 예쁜지를 너는 알지 못한다.

58
우리가 안다 해도 조금 아는 것뿐

이봐요, 아가씨, 나는
누구보다도 잘 알아,
뭐가 네 가슴을 그렇게 뛰게 하는지:
　　—윌리엄 버틀러 예이츠, 「젊은 아가씨에게」

서울 가본 사람보다 안 가본 사람이 잘 아는 것은 당연한 일, 크게 자랑할 일은 아니다. 우리가 안다 해도 조금 아는 것뿐, 눈꼬리로 스쳐간 그 무엇은 영원히, 덧없이 그 무엇일 뿐. 가령 말해보라. 온몸을 붉게 푸르게 물들이고, 엉거주춤 배를 비틀어 낭포를 밀어내는 수컷 물고기의 심정이 어떠한지를. 물속에서는 정자가 마르지 않아 삽입할 필요가 없다는 것은 나도 안다. 하지만 말해보라, 물속에서 아픈 배를 비틀어 낭포를 떨어뜨리는 순간, 당신의 심정이 어떠할지를.

59
물은 뭐든 낳고 싶어 하는데

> 그러나 사랑의 신은 자신의 집을
> 배설물 누는 곳에 세웠습니다.
> 일단 찢기지 않은 건
> 渾身일 수도 온전할 수도 없으니까요.
> ―윌리엄 버틀러 예이츠,「미친 제인이 主教와 말을 주고받다」

   찢긴 자리에는 돌 자갈 때려 붓고 콘크리트를 치라. 비올 땐 치지 마라, 물과 시멘트 배합이 달라져 세월 가면 찢길 수도 있으니. 거기서 물이 새어 나오지 못하도록 하라. 어떤 물도 생명을 머금고, 어떤 물도 생명수 아닌 물이 없으니. 정 하고 싶으면 그곳에 키스 정도는 해라. 하지만 딱딱한 콘크리트가 흥분할 정도로는 하지 마라. 물은 눈치코치 없고, 물은 뭐든 낳고 싶어 하는데, 제 새끼든 남의 새끼든 낳고 보자는 게 물의 심보 및 신조이니, 찢긴 자리에 거듭 콘크리트 치고 왕소금도 넉넉히 뿌려두어라.

60
K와 프리이다의 첫번째 性

> 어느 낯선 세계, 공기조차도 고향의 공기의 어떤 요소도 갖지 않은, 낯설음으로 질식할 듯한 곳, 미친 유혹들 속에서, 그저 계속 갈 뿐, 그저 계속 방황할 뿐.
> —프란츠 카프카, 『城』

어떤 수컷은 일 끝나면 제 성기를 부러뜨려 코르크 마개처럼 입구를 막아버린다. 다른 수컷들과 교미하는 것을 원천봉쇄하는 것이다. 어떤 수컷은 국자처럼 생긴 그것으로, 다른 수컷들이 쏟아놓은 즙액을 퍼내고 제 볼일을 본다. 사람의 남성이 그렇게 생겼다는 설도 있다. 어떤 갈매기는 짝짓기 예물로 암컷에게 준 물고기를 일 끝내자마자 물고 달아나고, 어떤 반딧불이는 암컷의 신호를 보내 흥분해서 찾아오는 수컷들로 식사한다. 다들 미쳤느냐고? 다소 야비하지만, 철저히 제정신이다.

61
K와 프리이다의 두번째 性

> 그녀는 뭔가를 찾고 있었고 그도 뭔가를 찾고 있었다. 성난 듯, 상을 찌푸리면서, 머리를 타인의 가슴에 파묻은 채 그들은 찾고 있었고,
> ― 프란츠 카프카, 『아메리카』

 그들은 오래 그러고 있었다. 밥솥에 뜸 들기를 기다리는 것처럼, 멀쩡한 수도꼭지에 녹물 나오기를 기다리는 것처럼, 다래끼 눈에서 뽑은 눈썹 돌 틈에 얹어놓고 누가 차 주기를 기다리는 것처럼, 그래서 제 다래끼 딴 놈한테 옮아가기를 기다리는 것처럼. 그들은 정말 그러고 있었다, 째지도록 입 벌리고 언제 첫 울음 터뜨릴지 몰라 두리번거리는 아이처럼. 이따금 모기를 쫓듯 그들은 고개 흔들어 묻는 듯도 했다, 아직 개구리밥 밑으로 모래무지는 다녀가지 않았느냐고.

62
고압의 주문이 걸려 있어서

> 여자의 육체, 하얀 구릉, 눈부신 허벅지.
> 몸을 내맡기는 그대의 자태는 세상을 닮았구나.
> ―파블로 네루다, 「사랑의 시」

  여자의 육체를 고깃덩어리라 해선 안 되고, 白合이나 聖杯라 해도 안 된다. 굳이 안 될 것도 없지만, 요컨대 틀렸다는 얘기다. 여자의 육체에는 고압의 주문이 걸려 있어서, 가까이 가면 당신의 열매는 타버린다. 영원한 저주는 당신과 여자 양쪽에 걸린 것이어서, 어떤 방식으로든 협상을 해야 한다. 그러나 제 육체 바깥으로 쫓겨난 여자를 만나기 힘들뿐더러, 여자 또한 당신의 육체와 타협해 치명적인 주문을 풀어야 하니, 우리 살아서는 펄펄 끓는 육체의 가마솥에 수제비 같은 사랑 떠 넣는 수밖에.

63
그것도 부대는 부대다

> 그러나 오 나 다시 젊어져
> 그녀를 안아보았으면!
> ― 윌리엄 버틀러 예이츠, 「정치」

   노인대학 노인들의 삼각관계는 대학생 뺨친다. 시간이 많지 않으니 마음이 급한 것이다. 나이 들면 性이 무디어진다는 말이 맞는 것 같지만, 그 반대도 사실이다. 노인들의 性은 살 빠진 우산대 같아서, 급한 대로 소나기를 피할 수도 있고, 휘둘러 개나 고양이 정도는 쫓을 수 있다. 그들의 性이 향하는 공원 근처에는 오십대 아줌마들의 담요부대도 있다. 그것도 부대는 부대다. 그러나 공원 안 공삭새처럼 화려한 무늬의 섹스는 태극 배지 귀두에 단 정치가들이나 바랄 일이다.

64
홍옥의 침묵도, 홍옥의 통곡도

> 너희들이 감내해 온 나날의 태양이,
> 오 반쯤 입 벌린 석류들아,
> 오만으로 시달림 받는 너희들로 하여금
> 홍옥의 칸막이를 찢게 했을지라도.
> ─폴 발레리, 「석류」

복수가 차오른 말기 환자의 뱃속에는 어떤 홍옥들이 술 지게미처럼 지독한 파열의 순간을 기다리는가. 술통같이 부푼 뱃속에서 깡통 옥수수알처럼 풀이 죽는가, 아니면 젤리처럼 뒤엉켜 離散의 세월을 통곡하는가. 홍옥의 침묵도, 홍옥의 통곡도 말라붙은 뱃가죽 아래선 어떤 꽉 짜인 구조를 가질 수 없어서, 돼지 오줌보처럼 물컹한 폭발의 순간을 기다리는가. 그해 늦은 봄 병실 문을 열자, 그녀는 봉긋이 솟은 배를 얼른 홑이불로 가리었다. 그녀의 부푼 배는 엷은 꽃무늬 이불 위에 섬처럼 떠 있었다.

65
리비도가 배꼽으로 가면

> 심장을 닫아주십시오. 그러면 뇌가 뛰겠지요.
> 뇌 속에 당신이 불을 던지신다면—,
> 내 피 속에서 당신을 실어버릴 것입니다.
> ——라이너 마리아 릴케,「내 눈빛을 꺼주시오」

간디스토마가 피를 타고 뇌 속으로 들어갈 수도 있다. 그러면 보이는 게 없고 헛소리를 할 것이다. 세상에 꽃이란 꽃도 그럴 것이다. 팔다리, 손가락 발가락까지 리비도가 파고들면 당분간은 아, 간지러워 미치겠어! 호들갑을 떨겠지만, 폭죽처럼 터지는 순간을 견뎌야 한다. 리비도가 배꼽으로 가면 그것도 볼 만하다. 복수가 차오른 배에 다시 배꼽이 자루처럼 튀어나오는 깃도 누군가 리비도의 풍선을 끝까지 불기 때문이다. 자루처럼 튀어나온 배꼽끼리 눈이 맞아 허겁지겁 여관에 드는 것도 이 세상 일이다.

65
죽음이 권하는 술에는

죽음은
술집에 들어가고
술집에서 나오네.
— 페데리코 가르시아 로르카, 「세 도시 — 말라가의 처녀」

  죽음이 권하는 술에는 피 냄새가 나네. 수국꽃 송이마다 달은 月經을 하고, 구름 속 피 흘리는 어린 양의 목에 깔때기가 받쳐 있네. 죽음이 권하는 술에는 피 냄새가 나네. 참나무 숯불 위 피 떤는 뭉텡이 고기, 왕소금 한 줌 뿌려주면 흰 메밀밭인 줄 알겠네. 달은 제 탯줄 목에 감고 불판 위를 서성거리고, 엇갈리는 젓가락 편종처럼 맑게 우네. 피 냄새, 술 냄새도 죽음은 맡지 못하네. 죽음의 코는 꽉 막힌 나팔관 같아서, 뒷물하는 나팔꽃 암술 같아서, 쟁쟁한 나팔소리 한번 못 내네.

67
다만 추억의 할례를 근심할 때

> 누가 아는가 이별이 언제 말해졌는지를
> 무슨 종류의 헤어짐이 우리에게 가로놓였는가를
> 수탉들의 외침은 무엇을 예언하는가를
> ― 오시쁘 만젤쉬땀, 「뜨리스찌아」

  오늘 밤 그대 이별이 별난 예식이 되어야 할 이유는 없다. 그대 슬픔이 골고다에 이르면 시방세계 어디서나 종이 울리고 이별의 미사는 올려지는 것. 근심하지 마라, 시방세계 어디서나 그대 이별의 제삿밥 얻어먹을 것이니, 지금은 다만 추억의 할례를 근심할 때. 불붙지 않는 밤의 석탄 속에서 생라면처럼 부서뜨려야 할 기억, 혀의 죽은 고사리와 찢긴 글자의 모래 삼키며, 그대 이별은 수탉의 되새김 위가 되고, 반야바라밀다의 학문이 된다. 근심하지 마라, 지금은 다만 추억의 씨받이를 부를 때.

68
상처받은 새들은 내가 키우겠다

이 상처받은 새를 어떻게 할거나?
하늘은 침묵하다가, 죽어버렸네.
　　— 오시쁘 만젤쉬땀, 「한기를 느낄 만큼 가난한 광선이」

말리지 마라, 상처받은 새들은 내가 키우겠다. 새들이 오면, 상처받은 새들이 오면 암놈 수놈 갈라 대부 대모 정해주고, 그것들 또 예쁜 새끼 낳으면 내가 데리고 살지. 맨해튼의 우디 알렌도 입양아 순이를 데리고 잘 살지 않는가. 가까이 살다 보면 육친의 정에도 섹스가 생기는 법. 탓하지 마라, 물오른 나무들 서로 부대껴 산불을 일으키는 것. 상처받은 새들아, 너희 슬픔 내가 잘 안다. 지점토처럼 녹녹한 말들의 회반죽, 거기서 나 말고 누가 잘게 다져진 너희들의 혀를 찾겠는가.

69
내 귀가 귓밥 몰아내는 소리

> 푸른 도화선 속, 꽃을 몰아가는 힘이
> 푸른 내 나이 몰아간다.
> ─딜런 토마스,「푸른 도화선 속 꽃을 몰아가는 힘이」

  내 귀가 귓밥 밀어내는 소리 요란해서 별들이 학교 갔다 오는 소리 듣지 못하고, 진딧물 군단이 목백일홍 잎새 갉아먹고 트림하는 소리 듣지 못한다. 하늘에는 영광, 땅에는 평화. 종일 썩은 눈물이 바윗돌 같은 슬픔 밀어내 나는 보지 못한다, 닭장차에 실려 가며 눈인사하는 오리들과, 오리발로 날리는 때묻은 흰 깃털을. 하늘엔 기름띠 두른 날개, 땅에는 급 브레이크 검은 자국. 나는 알지 못한다, 귓속 열목어와 눈 속 하늘소가 언제 독살되었는지를.

70
내가 마지막 손님은 아니었다

> 너는 내 곁에 살고 있다, 바로 내 곁에,
> 내려앉은 밤의 볼 속에
> 돌처럼.
> ―파울 첼란, 「산허리」

나는 주물공장 쇠 부스러기 같은 비를 따라 돌의 늑막 속으로 들어갔다. 내가 마지막 손님은 아니었다. 절 만(卍) 자를 이마에 새긴 뱀이 따라 들어왔고, 뱀은 단춧구멍 같은 별자리 속으로 혀를 밀어 넣었다. 나는 그것이 뱀의 고해라고 생각했지만, 뱀의 몸통은 겁에 질린 어린 양의 목을 한껏 조이고 있었다. 그러니까 그것은 우주 생성의 중간보고 같은 것이었을까. 초대받지 않은 나는 돌의 배꼽을 열고 도망치려 했지만 내 몸의 절반을 뱀은 놓아주지 않았다. 누가 보았다면 돌에도 싹이 나는 줄 알았으리라.

71
처음 내 눈이 어머니 눈을

> 그는 내 눈을 반지처럼 손가락에 끼고 있다.
> 그는 환락과 사파이어 조각처럼 내 눈을 끼고 있다.
> ―파울 첼란, 「그림자 속 어떤 여인의 샹송」

  처음 내 눈이 어머니 눈을 들여다보았을 때 어린 소 등가죽에서 파리가 피를 빨았다. 개가 자지를 세우고 제 새끼를 물어 죽였다. 흰 달이 곶감처럼 오그라들며 두레박 속으로 떨어졌다. 어머니는 웃고 계셨다. 처음 내 눈이 어머니 눈을 바라보았을 때 검은 물고기가 내 눈을 달라 했다. 죽은 닭들이 도축장으로 가겠다고 악을 썼다. 박 덩굴이 파도처럼 달리다가 흰 거품을 토했다. 그날 어머니가 웃으셨던 건 내가 본 것들을 이미 보셨기 때문일까. 언젠가 내 눈이 그분 비녀에 산적처럼 꿰일 날을 아셨기 때문일까.

72
칠십년대 유행가 식으로

> 아크라 지방 천사들은 죽어 있었고 主는 눈이 멀었다
> 기에 나 잠 속에서 돌보아주는 자 없고 사람들은 휴식
> 하러 이곳을 떠나갔다.
> ─파울 첼란, 「황야의 노래」

아크라에 가면 편지를 띄우세요. 함께 못 가서 정말 미안해요. 내가 노래하기 전에 아크라에서 편지가 왔고, 동네에선 아무도 읽을 수 없었다. 내가 태어나기 전에 아크라의 主는 너를 죽였고, 천사들은 너의 재를 샘에 뿌렸다. 아크라로 가는 편지는 부칠 수가 없었다. 동네 여인들은 매일 아침 화투占을 쳤다. 삼월의 새가 노란 달 속으로 들어가 오래 울고, 칠월의 돼지가 검은 산봉우리에서 뛰어내렸다. 아크라의 主가 해를 향해 오줌 갈기며 껄껄 웃었다.

73
무슨 天形인가

> 그렇다면 무덤이 없는 자들은? 랩 아젤이 물었다—
> 우리의 그림자들은 모두 절규라네, 유켈이 대답했다.
> ―에드몽 자베스, 「헌사」

  무슨 천형인가, 사막의 하늘수박들. 랩 아젤이 물었다: 어머니, 저는 혹인가요? 어머니 왜 혹인 줄 모르셨어요? 혹인 줄 알면서도 그냥 두셨어요? 유켈이 물었다: 어머니, 저는 머리인가요? 어리석은 과즙 들어차 눈을 뜰 수 없어요. 어머니, 어리석은 벌건 과즙이 눈구멍을 열어 달래요. (유켈과 랩 아젤, 너희는 어머니 마리아의 새끼 무덤들. 그분의 아드님도 찾지 못하는, 똑같은 술부늬의 푸른 假墓들. 熱砂의 덩굴에 매달려 천국 수박밭을 그리워하는 천의 무덤, 만의 무덤들.)

74
애인아, 우리 화해하자

> 나 그것을 보고 싶지 않네!
> 내 추억이 불타오르네.
> ―페데리코 가르시아 로르카, 「뿌려진 피」

 내 미친 짓을 보고 싶지 않다고? 넌 누구냐? 네가 널 모른다면 차라리 내 얘기를 해줄까? 난 나무꾼과 선녀다. 난 장화 홍련이다. 줏대 없는 네 아버지고 의심 많은 네 계모다. 차라리 네가 읽은 동화책이라고 할까. 그러니까 넌 내 동화책의 陰畵거나 혼성모방. 넌 나무꾼의 날개옷 훔치는 선녀이고, 계모를 독살하는 장화 홍련이다. 내가 아는 건 그뿐, 내가 막힌 배수구로 흘러드는 생활하수라면, 넌 터진 정화조에서 새어 나오는 오물의 일부, 혹은 그 반대일 뿐. 애인아, 이제 흐르면서 우리 화해하자.

75
왜 우리가 그를 알아야 하나

> 죽은 사람이 거리에 쓰러져 있습니다.
> 가슴에 칼을 맞고.
> 그를 아는 사람이 아무도 없었습니다.
> ─페데리코 가르시아 로르카, 「경악」

  왜 우리가 그를 알아야 하나? 그는 그의 죽음을 죽었다. 그가 그의 죽음 속으로 들어갔는데, 왜 우리가 놀라야 하나? 밤과 아침이 그에게 길을 빌려주었는데, 밤과 아침 사이 그의 눈동자가 피를 흘리는데, 왜 우리가 그의 어머니를 불러야 하나? 왜 그의 어머니가 그를 알아보지 않고, 안아주지 않고, 쓰다듬어주지 않고, 검은 젖통을 꺼내 그의 입에 검은 젖을 흘려주지 않는데, 왜 우리가 그의 머리맡에서 흑염소처럼 울어야 하나? 보라, 그의 어머니가 거미처럼 그의 손발을 씹고 있지 않은가.

76
꽃피지 말라 하면

> 그러나 저는 느꼈습니다. 마리아가 말씀하셨음을,
> "밤중의 이 별을 따라 꽃필지어다"라고.
> ― 라이너 마리아 릴케, 「마리아께 드리는 소녀들의 기도」

꽃피지 말라 하면 안 필 것도 아니잖니? 꽃피는 건 스티로폼 알갱이 같은 몸속 별들 떠나보내는 것, 처음엔 좀 아쉽지, 그리움 같은 건 아직 모르지만. 꽃피는 건 몸속 뭉칫돈 빼서 일수놀이 하는 것. 평판은 안 좋지, 아직 창피한 건 모르지만. 꽃 지는 건 산통 다 깨져 집 안에 차압 들어오는 것. 붉은 딱지 방마다 붙어 학교 간 아이들 못 돌아오지. 꽃 지는 건 갈아입힌 內衣에 마지막 똥 찔기는 것. 제정신은 없어도 처음 이별한 별들 눈인사하러 찾아오지. 꽃 지지 말라 하면 안 질 것도 아니잖니?

77
어떤 은혜를 말하는가

> 그날은 성 제임스의 밤이었고
> 나는 은혜를 받은 기분이었다.
> ―페데리코 가르시아 로르카,「부정한 유부녀」

　어떤 은혜를 말하는가. 밤벌레의 울음소리나 비름박 시래기 같은 은혜인가. 손가락 쑤셔 넣고 게워 올린 삼겹살 같은 은혜인가. 보아라, 일찍이 은혜 준 자 없고 은혜 받은 자 따로 없다. 새벽 오로라 같은 은혜를 너는 받았다고 우기지만, 그건 따로국밥에 엉킨 선지 덩어리 같은 것이다. 그건 가시 담장에 걸린 비닐 봉다리 같은 것이다. 썩지 않아도 문드러지긴 하는 은혜. 때로 피멍 든 畜生들이 하 아름다워서 '오, 삶은 영원한 것!' 그렇게 속삭이다가 천천히, 천천히 삭아가는 비닐 봉다리.

78
잊지 못하는 자여, 이제는 잊어라

> 한 남자가 집 안에 살고 있다 그는 뱀과 더불어 논다 그는 편지를 쓴다
> 그는 날이 어두워지면 독일로 편지를 쓴다 너의 금빛 머리털 마르가레테
> ─파울 첼란, 「죽음의 푸가」

모든 것은 법이다. 편지도 우유도 휘파람도 법이다. 뱀도 사냥개도 금발머리도 법이다. 맑은 시냇물 속 백동전의 '100' 자처럼 투명한 법이 아니라, 숯불 위 몸 비트는 아나고처럼 춤추는 법이다. 진흙탕 아나고가 언제 무도학원 다닌 적 있던가. 사교댄스 안 배운 우리도 법의 잉걸불 위에서라면 스텝 기차게 밟을 수 있다. 그러니 잊지 못하는 자여, 이제는 잊어라. 하늘 무덤 위 꽂힌 곡괭이 사슴뿔처럼 빛나고, 지하 정화조 속 시집 못 간 암퇘지 맑은 물로 흐느끼니, 잊지 못하는 자여, 잊지 못하는 자여, 이제는 잊어라.

79
이래저래 삼십 방

> 그뿐인가요. 노래를 멈추게 하려 한다면
> 그야 물론 뭔가 잘못된 거죠.
> —로버트 프로스트,「하찮은 새」

 노래를 해도 삼십 방 안 해도 삼십 방, 노래를 막아도 삼십 방 안 막아도 삼십 방, 노래를 막고 뉘우쳐도 삼십 방 안 뉘우쳐도 삼십 방. 문제는 노래다. 새는 우리가 아는 노래를 모른다. 있지도 않은 노래를 손뼉 쳐 멈추게 할 수는 없다. 있지도 않은 노래를 멈추게 했다고 자책할 필요는 없다. 그러나, 있지도 않은 노래를 멈추게 했다고 자책할 필요도 있다. 새가 모르는 노래를 새에게 부르게 했기 때문이다. 이래저래 삼십 방. 그러나 당신이 휘두를 몽둥이는 지금 저 새가 노래하는 높은 나무이다.

80
공연히 없는 자두나무 흔들어

> 한 번의 윙크. 이젠 나와 상관없는.
> 계속되는 한 번의 가벼운 윙크. 그것은 이미
> 아무런 뜻이 없네. 아마도 한 마리의 뻐꾸기가
> 황망히 날아 떠나가 버리는 한 그루 자두나무였는지 모른다.
> ─라이너 마리아 릴케, 「이별」

   자두나무 한 그루 남았으면 많이 남았다. 뻐꾸기 한 마리 날아갔다니 애 많이 썼다. 뻐꾸기만큼 교활한 새도 없다. 먼저 깬 뻐꾸기 새끼는 멍청한 뱁새 알 둥지 밖으로 몰아내고, 뱁새 새끼 흉내 내며 무럭무럭 잘 큰다. 아무리 평범한 이별이라도 그만한 사연은 있다. 뻐꾸기 날아간 자두나무에도 그만한 사연은 있는 것이다. 그러나 눈을 씻고 찾아봐라, 자두나무는 웬 자두나무! 공연히 없는 자두나무 흔들어 벌에 쏘이지 말고, 마음이 좀 뭣하면 '이별의 하늘엔 잔별도 많다' 그 정도만 해라.

81
잘게 갈라 성냥개비를 만든다는

> 포플러나무들은 시들지만
> 우리한테 바람을 남겨 놓는다.
> —페데리코 가르시아 로르카, 「강의 백일몽」

  잘게 갈라 성냥개비를 만든다는 포플러나무를 보면 성냥 생각이 난다. 부처님 가르침이 성냥 한 개비에 비하겠느냐는 어느 스님의 말씀도 말씀이지만, '천상천하 유아독존'이라는 부처님 씨나락 까먹는 소리도 곧추 뻗은 포플러나무처럼 속뜻이 없다. 내 어릴 적 달 없는 밤의 울울한 마음이란 마음 다 모아, 땡볕 끓는 못가에 멀뚱한 둥지 하나로 서 있던 포플러, 그 나무 아래, 대처 공장에 나간 누이들 기다리기도 했다. '인천에 성냥공장, 성냥공장 아가씨'라는 말도 안 되는 노래를, 내가 안 좋아하는 것도 그 때문이다.

82
그는 참 이상한 꿈을 가졌다

> 외로운 사람은 또한 신비롭다.
> 그는 언제나 물기에 찬 모습,
> ─ 고트프리트 벤, 「외로운 사람은」

  본래 자화자찬 아닌 외로움은 없어서, 아무도 보는 사람 없는 걸 알면, 그 으악새 슬피 우는 울음 딱 그쳐버리거나, 자못 심각한 표정 거두시고 헤시시 웃는다. 본래 진기명기 아닌 외로움은 없어서, 한 공주 한 왕자 하고 나서도 고색창연한 연기는 계속된다. 제 연기를 고백하는 연기, 제 연기를 부정하는 연기. 제 연기를 모독하고 타도하고 끝내 聖化하는 연기. 외로운 사람은 끝없이 풍선을 불어댄다. 그는 제가 부는 풍선 속으로 들어가려는 참 이상한 꿈을 가졌다.

83
떠나려 하면 못 떠난다

오! 육체는 슬퍼라. 그리고 나는 모든 책을 다 읽었노라.
떠나 버리자, 저 멀리 떠나 버리자.
— 스테판 말라르메, 「바다의 미풍」

떠나려 하면 꼭 못 떠나고 만다. 떠남은 떠나 보내려 하는 것, 폐기 품목 1호는 자기 자신이다. 제 뺨으로 뺨 때리고, 제 귀로 귀 비트는 것. 신앙의 신비여! 그러므로 뺨과 귀는 안전하다. 그렇다고 떠남이 아주 불가능한 것은 아니어서, 목욕탕 물속에서 방심하고 뀌는 방귀 같은 것. 광야의 신비로운 양식 '만나'도, 약속의 땅 썩어 넘치는 젖과 꿀도 뽀글거리며 어이없이 올라오는 물방울 같은 것. 뱃속 가스가 물 밖 가스 만나러 가는 길, 오래 묵혀둔 공기들끼리의 하찮은 약속.

84
쏙아지가 못됐어야 한다

       어떤 하늘이
       이 열린 장미의
       이 無思無念의 장미꽃 호수 속에서
       비추이고 있습니까. 보십시오.
          ─라이너 마리아 릴케, 「장미의 속」

어떻든 예쁘려면 쏙아지가 못됐어야 한다. 쏙아지가 못돼야 켕기는 것 있고, 켕기는 게 오래되면 화병도 나고, 화병이 오래 가면 무사무념까지 간다. 여름 대낮에 큰 대(大) 자로 누워 침 흘리는 들장미가 아름다울 리 없다. 쏙아지가 없으니 켕기는 것 없고, 켕기는 것 없으니 화병 안 나고, 화병 안 나니 무사무념도 없다. 어쩌든지 예쁘려면 쏙아지가 못됐어야 한다. 바싹 약오른 살모사의 곤추 세운 모가지처럼, 한겨울 법당에서 살모사 등을 세운 깡마른 비구니처럼.

85
일단 나와 봐야 안다

> 네가 누구이든 좋다. 저녁녘에는 바깥으로 나오라.
> 속속들이 내부를 알고 있는 네 방에서.
> 너의 집은 遠景 앞에서 마지막 집으로 서 있다.
> ─라이너 마리아 릴케,「序詩」

 일단 바깥으로 나와야 집안 사정도 안다. 안 나오면 집안 사정이랄 것도 없다. 수신제가니, 부모봉양이니 물에 빠져 입만 남은 것들의 짓거리. 일단 바깥으로 나오면 바깥일도 집안일이다. 그러니 나와 봐야 안다. 안 나오면 쳐들어간다고 으름장만 놓을 게 아니라, 정말 쳐들어가야 한다. 나와 봤자 또 기어 들어가겠지만, 한 번쯤은 나와 봐야 안사람, 안어른 그런 말도 그립지 않겠는가. 그러나 회충, 요충, 십이지장충 이른바 '충(蟲)'자 붙은 떨거지들은 구절양장에 흡반을 대고, 없는 눈알만 충성스럽게 굴린다.

86
모든 것은 압력의 차이

우리의 피를 소란케 하는 건
무덤에 대한 열망일 뿐임을 아는 이는 아무도 없다
— 윌리엄 버틀러 예이츠, 「流轉」

어떤 식육 식물은 제 속의 공기압을 아주 낮게 해, 지나가는 벌레들이 저절로 빨려들게 한다. 드럼 통 석유를 따라 붓는 일도 같은 이치. 처음엔 열심히 펌프질하지만, 나중엔 펌프를 떼지 않고선 멈출 수 없다. 모든 건 압력의 차이. 인생도 따라붓기의 일종이라면 유년기, 청년기, 장년기의 구분은 진공 무덤 속으로 빨려드는 순서를 말한다. 늙어 힘 빠지고 동작이 굼뜬 것은 저기압 중심 가까이 왔다는 것, 바야흐로 느긋한 식사가 시작되리라는 것.

87
무라, 무라

> 우리는 無였고,
> 무이며, 무로 남을 것입니다.
> ─파울 첼란, 「찬미가」

　평생 '無' 자 화두를 잡은 선사는 '무라' '무라' 중얼거리면서 열반하셨다. 그리고 보면 '무'도 잡을 만한 덩치와 무게는 있는 것이다. 잡는 것으로 말하자면 잡아서, 동여매서, 피를 볼 때까지 가겠다는 것인데, 그러자면 잡히는 것이야 생짜배기 배를 째고, 손톱 발톱 다 뽑히는 의례를 치러야 할 텐데, 선사에게 잡힌 '무' 자 한 자도 그만한 욕은 보았으리라. 누구의 것도 아닌 '무', 족발처럼 얇게 썰리는 '무', 영계처럼 기름솥에 뛰어들기만 기다리는 '무'.

88
불에는 불 사다리

> 어떤 사람은 이 세상이 불로 끝날 거라고 말하고,
> 또 어떤 사람은 얼음으로 끝난다고 말한다.
> ―로버트 프로스트, 「불과 얼음」

    공책 뒷장에 사다리 타기 놀이. 사람 수만큼 세로줄 긋고 칸칸이 가로줄 그려 넣으면, 당신이 도착하는 자리는 오직 하나, 다른 누구와도 겹치지 않는다. 예정조화설이라고야 할 것 없지만, 이를테면 우연한 필연. 세상은 불로 망하는 것도, 얼음으로 망하는 것도 아니다. 세상은 세상 사다리 타고, 불은 불 사다리, 얼음은 얼음 사다리. 불이 얼음을 녹이고, 얼음이 불을 끄는 것도 사다리 끝까지 오르기 전의 일. 사다리 다 타고 나면 북 찢어버릴 공책 뒷장, 누군가 바가지 옴 썼다고 투덜거린다.

89
다단계 사다리 발판 위에서

> 너는 이곳 유골단지를 채우며 가슴을 먹는다.
> —파울 첼란, 「유골단지의 모래」

　요즘 납골당 분양하면서 다단계 방식을 쓰는 자들은 역시 한 수 위다. 한 두릅 새끼줄에 꿰인 참새처럼 죽음을 엮고, 갈 곳 없는 뼈다귀들 프리미엄 붙여 파는 다단계 방식은 저승까지 침투한 삶의 제국주의다. 어느 날 눈 뜨고도 아내와 자식들 볼 수 없을 때, 당신은 녹슬지 않고 구부러지지 않는 다단계 사다리 발판 위에 있을 것이다. 아내와 자식들 개구리처럼 연도를 옹알이하고 지루한 사십구재의 눈물 마구 뿌려도, 흔들리는 다단계 사다리 꼭대기에 당신은 오를 수 없다. 몇 차례 환매를 더 거쳐야 하기 때문이다.

90
어디 한번 생각해보자

> 그녀는 나를 웃게 하고, 울고 웃게, 하고
> 할 말이 없어도 말하게 한다
> —폴 엘뤼아르, 「사랑하는 여인」

미치면 할 말이 많다. 없는 것보다 낫다. 아주 많이 미치면 할 말이 없다고 한다. 말이 입속으로 들어갔기 때문이다. 그러니 화장실에서 오줌 눌 때 제 물건을 보는 듯이, 안 보는 듯이 그렇게 할 일이다. 실은 제 물건이 온통 다 보고 있는 것이다. 그러니 지그시 눈 내리깔고 흘러나오는 것을 견디는 것뿐이다. 아차, 딴생각하면 벌써 바깥으로 튀겨 나오고, 바짓가랑이 적시고도 감각이 없다. 그래도 뭐 대단한 일은 아니다. 그러나 한 물건이란 무엇인가. 그것이 과연 제 물건인지 어디 한번 생각해보자.

91
기도는 협박, 사랑은 봉변

> 당신의 목소리로 가두지 않는다면
> 난 손바닥에서 뛰쳐나와
> 암청색의 정원으로
> 내 몸을 부어버리겠어요……
> ―라이너 마리아 릴케, 「신부」

그럴 만도 하지. 쓰레기를 버리려다 쓰레기통에 딸려 바다에 빠졌구나. 피댓줄에 감겨 생철 지붕 끝까지 딸려 올라가 너덜너덜해졌다는 정미소 주인 같구나. 씨나락 까먹다 소쿠리에 갇힌 참새 같구나. 그래, 그럴 만도 하지. 하지만 꼭 그래야 하는 건 아니지. 기도는 협박, 사랑은 봉변. 그래, 제 몸을 부어버리겠다고? 흙을 물이라 하면 불이 믿겠니, 바람이 믿겠니. 꼭 그래야 하는 건 아니지. 하지만 그럴 만도 해. 복사본이 잘못돼서 복사집에 따졌더니, 애초에 원본이 잘못이었다고……

92
나는 너의 이름을 끊는다

세상의 온갖 향기로 맺어지는
미지의 터널의 출입구와 같은 이 이름이여!
　　　—파블로 네루다,「사랑의 소네트 1」

나는 너의 이름을 끊는다, 다시는 속지 않겠다고. 끊을 수 없는 것을 끊겠다는 집념의 어리석음. 내 어리석음만큼의 길이와 굵기를 가진 너의 이름. 악어가죽처럼 꺼칠꺼칠하고, 촌충처럼 마디마디 끊어지는 이름. 그러나 알고 보면, 네 이름은 네 환상이 내 환상을 끊어내는 자리. 국수 뽑는 기계처럼 여러 다발 환상이 '끙' 하는 소리도 없이 내려오는 자리. 네 환상이 내 환상을 똥 누는 자리. 만약 네가 '어휴, 저질' 하고 얼굴 찡그린다면, 그냥 '누는' 자리. 丸藥같이, 토끼똥같이 동글동글 잘 마른 너의 이름.

93
우선, 철저히 부러뜨릴 것

> 한밤은 희미하게 빛나고, 대낮은 자줏빛으로 타오르며,
> 저녁엔 홍방울새 날개 소리 가득한 곳.
> ―윌리엄 버틀러 예이츠, 「이니스프리의 湖島」

  홍방울새 날개는 우선 부러뜨리고 볼 일. 그래야 평화가 천천히 떨어져 내릴 것, 호박이 넝쿨째 굴러 떨어지듯이. 도대체 날〔飛〕것들이 옆에 있다는 건 불쾌한 일. 하여, 홍방울새 날개는 우선, 철저히 부러뜨릴 것. ('우선'이라는 말에 꼬시켜 우리도 여기 와 살지만. '우선 거기 가 있거라, 나중에 데리러 갈게……' 새엄마의 말씀 등등.) 박제 홍방울새를 만들려면 우선 날개를 부러뜨리고, 눈알을 파내고, 내장을 까뒤비고, 그맘때 들려오는 칠십년대 가수 김상진의 노랫소리: '타향은 싫어, 고향이 좋―아―' 등등.

94
적에게는 눈이 없다

> 모든 것이 행복을 통해 드러나는 곳,
> 술 냄새 속, 물건 소리 속에
> 시선을 나누고, 반지를 나누는 곳에서
> 그대는 행복의 적인 정신에 몸두고 있네.
> ─고트프리트 벤, 「더 고독했던 때는 없네」

적에게는 눈이 없다. 악어 사냥 할 때도 작살로 눈을 찍던데, 적에게는 눈이 없고 나에게는 찌를 작살이 없다. 아버지에게도 어머니에게도, 아들과 딸에게도 눈이 없다. 굳이 그들을 찌르려면 없는 눈 밑에 '눈'이라고 꼬리표 붙여두는 것이 좋다. 자꾸 긁으면 없는 부스럼도 생기지 않는가. 하지만 아내에게는 앞 못 보는 눈이 있다, 허공 전체를 바라보는 눈. 아내와 나는 유전자가 다르기 때문이다. 서로 유전자를 줄 수도, 빼앗을 수도 없기 때문이다. 서로의 눈을 찌를지도 몰라, 우리는 반지를 나누었다.

95
세상에 갈보집은 없다

> 갈보들의 조그만 욕조 속에서
> (이 말을 이해하지 못하는 자는 갈보집을 드나들지 않은 놈인데)
> 저 사람을 중상하는 혀를 튀길지어다!
> ─프랑수아 비용, 「발라드」

  갈보집에 드나들지 않아도 갈보집을 들먹일 수 있다. 갈보집은 갈보집이 아니고, 네 정신에 기생하는 쥐벼룩 같은 것이다. 화장실 변기 쪼개진 틈으로 빨리 지나가는 바퀴벌레 같은 것이다. 네 정신의 쪼개진 자리가 너무 크거나 작아도, 갈보집은 들어서지 않는다. 가령 갈보 보고 갈보냐고 물어봐라, 어느 갈보가 좋아하겠나. 세상에 갈보집은 없다. 푸른 등불, 붉은 네온의 갈보집은 없다. 그러나 삼각 로타리 '시집 못간 아기 돼지'라는 갈비집은 있다. 네가 오입하는 것은 행복의 적인 정신의 돼지갈비집에서이다.

96
되도록 안 보는 게 낫다

> 엄마소 옆에 어린
> 송아지를 데리러 가려고 해요. 너무 어려서
> 엄마소가 핥으면 비틀거리지요.
> ―로버트 프로스트, 「목장」

송아지 육질은 어미 소보다 낫다. 예릿예릿 씹히는 그 맛은 녹차로 치면 '雨前'에 해당한다. 달걀 속 병아리 태아를 삶는다는 베트남 요리, 그것도 괜찮은 밥상이다. 뭐 그리 끔찍할 건 없다. 배추의 여린 싹을 보고 군침이 돌 때, 여린 싹이 안다면 정말 끔찍한 일이다. 되도록 안 보는 게 낫다. 꼭 보아야 한다면 투명하게 보는 게 좋다. 구역질 날 때 혀 밑에 고이는 침은 얼마나 맑던가. 그러나 투명하게 볼 수도 없다면, 뼈다귀 고은 국물처럼 볼 일이다. 쌀뜨물보다 고운 국물을 오래 바라보면, 삶에도 평화가 있다는 걸 알게 된다.

97
모든 건 자세의 문제이다

> 시간의 연소와 회전, 그리고 사람의
> 心紋과는 아무 상관도 없는
> 출생의 피 묻은 방에서
> ―딜런 토마스, 「환상과 기도」

 모든 건 자세의 문제이다. 자루 빠진 도끼라야 하늘 떠받칠 나무 기둥 찍어낼 수 있다. 현명한 산파라면 아이를 받아낸 텅 빈 자궁을 그냥 두지 않으리라. 내장 후벼낸 닭의 갈빗대 밑에 인삼, 대추 섞은 찹쌀 주머니 쑤셔넣듯이, 아이를 파낸 식은 아궁이에 명란젓 같은 알주머니 다시 집어넣으리라. 문제는 생의 건더기와 기름기 뜨는 국물을 바꾸는 것. 문제는 다른 뚝배기 속에 생을 다시 끓여내는 일. 하루 종일 내 정신은, 뱃가죽 불어터진 꽁초를 흰 담배로 바꾸려고 낑낑거리는, 허리 잘록한 콜라병 같다.

98
이런 땡초!

나는 범죄의 공기에 몸을 말렸다. 그러고는
광적으로 못된 곡예를 했다. 하여 봄은 나에게
백치의 끔찍한 웃음을 일으켰다.
　　　―아르튀르 랭보,「지옥에서 보낸 한 철」

　이런 땡초! 땡볕 속 익지 않은 땡감! 여물 대로 여문 生死 속으로 기어 들어가, 한 입 피거품 버무린 舍利를 뱉어내는 쌩날나리! 畜生寺 아귀들의 왕날나리 주지 스님, 畜生寺 뒤편 때깔 고운 왕벚나무는 만개한 너의 남근. 너의 식성은 전혀 까다롭지 않아서, 지혜의 연꽃과 자비의 연근 빼고는 아무거나 잘 먹는다. 은모래와 색유리, 개머리판과 타이밍 벨트까지. 모래주머니 너의 위 속엔 천 년 숨죽인 병마용들 지키고 있고, 녹슨 자물쇠 너의 뇌 속엔 마른 줄미역 陰部들 내걸려 있고.

99
放下하라!

불타는 어두운 푸른 빛, 어둠을 내뿜는 꽃, 푸른 어둠을 뿜어대는, 저승에서 온 검은 등불들.
—D.H. 로렌스, 「바바리아의 용담꽃」

바바리아 용담꽃, 네가 움직일 때마다 해장국에 엉킨 선지 덩어리 돌아다닌다. 바바리아 용담꽃, 네가 움직일 때마다 늘어진 소 낭심 고환 두 개가 맹렬히 부딪친다. 삶의 길을 모르기 때문이다. 길 없음이 삶의 길이라는 걸 모르기 때문이다. 바바리아 용담꽃, 네가 내려가는 곳은 설설 끓는 진국물 속이거나, 그보다 덜 뜨거운 오줌보 속이거나, 더 아래로 내려설 층계는 없다, 더 어두워질 어둠은 없다. 바바리아 용담꽃, 어찌하여 너는 절단된 남근으로 칠보의 지옥을 불 밝히려느냐. 방하하라, 방하하라!

100
별 모양의 열대 과일

> 초록 별이여, 아름다운 가난 속에
> 너의 형제, 삐뜨로뿔이 죽어간다.
> ─오시쁘 만젤쉬땀, 「저 높은 곳에서, 떠도는 불빛」

　스탈린 치하에서 죽은 만젤쉬땀의 시는 아내의 기억력으로 살아남았다. 여류시인 쯔베따에바의 말: '만젤쉬땀은 시가 없이는 앉을 수도, 걸을 수도 없었다.' 모스크바 대학 교환교수의 말: '죽기 오 분 전까지 시를 중얼거리는 걸 본 수용소 동료가 있었다지요.' 말레이시아에서 나는 별 모양의 열대과일을 보았다. 피망 썰듯이 써는 족족 별이 되는 과일, 꼭다리 끝까지 썰어도 별이 나오는 과일, 하늘─화채 그릇 속에 떠도는 초록 별─열매. 그러나 하늘의 별은 별 모양이 아니고, 해삼처럼 미끄러워 잘 썰리지도 않는다.

|해설|

깊은 오후의 열망

심 재 중
(서울대 강사. 불문학)

 이성복 시인의 여섯번째 시집인 『달의 이마에는 물결무늬 자국』은 좀 별난 시집이다. 우리말로 번역된 외국 시인들의 시를 읽고, 그 독서에서 출발하여 씌어진 시들을 모아놓은 시집이라는 점에서 그렇다. 시의 제목 밑에 짤막하게 인용된 외국 시인들의 시구와 본문 사이에서 고리 역할을 하는 것은 때로는 하나의 단어, 문장, 이미지이기도 하고, 때로는 사랑, 고통, 영혼 같은 주제들이기도 하며, 또 때로는 인용 시에 담긴 어떤 세계관이기도 하다. 그런데 시집의 서문에서 시인은 "대체 나 자신이 무엇을 말하고 싶어 하는지 확인하는 것"이 자신의 궁극적인 관심사였노라고 밝혀놓았다. 그렇지만 또한 우리는 시집의 첫머리에 실린 시에서 이미 "시의 마지막 구절에서도, 우리는 정말 무엇을 말하고 싶었는지 모른다"(1)라는 구절을 만나게 된다. 그렇다면 말들이 자기들만의 내밀한 법칙에 따라 증식한 것일까. 물론 인용된 외국 시인들의 시구는 이성복 시인의 말이 아니다. 그러나 따지고 보면 그의 말이 어디 있겠는가. "우리가 말하기 전에 말은 제 빛깔과 소리를 지니고"(1) 있어서 그 빛깔과 소리를 매개로 또 다른 말들과 어우러지고, 그 어울림을 통하여 무한히 증식해 나간다. 결국 어떤 의미에서, 존재하는 것은 거대한 하나의 텍스트일 뿐, 말들의 체계 안에는 주체도 세계도 존재하지 않는다. 그저 "말의 내부"(31)에 태생의 흔적처럼 남아 있는 '말의 바깥'이 있을 뿐이다. "말의 내부"를 통해서만 우리가 짐작할 수 있는, 말 '이전' 또는 '이후', 달리 말하면 말의 역사성이 있는 것이다. 그래서 시 쓰기를 통해 자신이 무엇을 말하고 싶어 하는지 알고 싶다는 시인의 문제의식이 겨냥하고 있는 것은 사실상 '말에의 욕망' 그 자체라고 할 수 있다. 말이 탄생하는 그 순간에 우리로 하여금 말을 하게끔 만드는 욕망의 정체가 무엇인가라는 질문, 이번 시집의 큰 특징 중의 하나인 선불교적인 표현으로 바꾸어 말하자면, 말로써 세상을 '분별'하고자 하는 욕망의 정체가 과연 무엇인가라는 질문—시인의 사유는 그 질문을 중심으로 궤적을 그려 나간다.

　시적 사유는 인간의 다른 모든 사유와 마찬가지로, 언어를 통해, 언어 속에서 이루어지는 인간과 세계에 대한 의미 탐색의 작업이다. 다만 시적 사유는 언어의 역사성과 물질성에 특별히 관심을 갖는 사유의 방식이다. 그러한 사정을 시인은 "말의 배꼽"(31)이라는 비유로써 가리켜 보인다. 애초에 말이 탯줄을

대고 있었던 어떤 것의 흔적, 타자 또는 세계 앞에 마주 선 인간의 어떤 욕망이 남긴 흔적이 바로 "말의 배꼽"이다. 그러므로 시의 언어는 말이 탄생하는 최초의 순간으로 우리를 되돌려놓는 언어라고 할 수 있고, 시의 독서는 욕망의 최초의 움직임을 향해 우리를 다시 이끌어 가는 운동이라고 할 수 있다. 그럴 때, 시 읽기와 시 쓰기는 거의 하나의 동일한 여정이 된다. 그 둘 모두가 말이 지니고 있는 태생의 흔적, 즉 "말의 배꼽"을 매개로 세계라는 절대적인 타자 앞에 우리를 다시 세워놓기 때문이다. 또한 거꾸로, 시인의 시가 '그의' 말이라고 한다면, 인용된 구절들도 '그 만큼은' 그의 말이라고 할 수 있을 것이다. 왜냐하면 그 구절들이 시인의 욕망을 일깨우고, 이제 그 말들의 증식을 이끌어 가는 것은 바로 시인의 욕망이기 때문이다.

예컨대 "울음 울며 크게 자란/나의 모든 돌과 함께"(50)라는 파울 첼란의 시구는 시인에게 우선 괴로울 '고(苦)' 자를 떠올려준다. 그리고 뒤이어지는 시인의 말들은 한자 '苦'자의 형상에서 비롯된 은유들로 읽힌다. 그러나 그 은유들은 세월의 더께 속에 갇힌 인고(忍苦)의 나날과 함께 출구 없는 삶의 문 앞에 문득 마주 선 시인의 마음, 그 막막한 움직임을 보여준다. 또한 시 (3)은 "내 사랑, 내 누이야,/꿈꾸어보렴, 거기 가서/단 둘이서 사는 달콤한 행복을!"이라는 보들레르 시구에서 출발하고 있다. 그런데 말들의 연쇄를 낳은 최초의 고리 하나를 우리는 인용 시의 '거기 가서'와 시의 첫머리에 놓인 '그해 늦은 봄' 사이에서 발견하게 된다. 보들레르의 시구가 기억 속에 일종의 "문신"(3)으로, 원형적인 경험-상처로 남아 있는 풍경 앞으로 시인을 이끌어가고, 현재 속에 되살아난 그날의 욕망이 다시 말을 낳고 말의 리듬을 만들어내는 것이다. 다만, 속절없이, "정신 나간"(3) 사람처럼 또 "노"(3)를 저어 가서, 결국 그 말부림이 끝나는 자리에서 '어지럼증'과 함께 시인이 '본' 것이 무엇일까. 세상의 어떤 비밀이 은연중 시인으로 하여금 시 언어의 근본적인 불가능성까지 말하게 하는 것일까.

처음 시를 쓰기 시작한 이래로 우리가 보아온 이성복 시인의 일관된 열망 중의 하나는 삶과 화해하고자 하는, 이 세계 속에서의 인간의 운명과 화해하고자 하는 간절한 열망이었다. 그리고 화해하고자 하는 그 열망의 밀도에 따라서, 뒤집어 말하면 불화의 강도에 따라서, 시의 리듬은 고통스럽고 그로테스크한 이미지들의 분출하는 듯한 속도로 거칠어지기도 하고, 연민의 물결에 실려 천천히 흐르기도 하고, 잠언의 비극적인 침묵 속으로 가라앉기도 하였다. 그리고 눈에 띄는 대로 예를 들어 보더라도, "웬 들 판 이 이 렇 게 넓 어 지 고/얼마나빨간작은꽃들이지평선끝까지아물거리는가"(「세월에 대하여」, 『뒹구는 돌은 언제 잠 깨는가』)라든가 "내 다 가보면 당신 계실 곳이 남지 않을 것이기에"(「서해」, 『그 여름의 끝』), 또는 "밤 오는 숲 속으로마저 들어가지 못한/저 산길의 한 자락은 어쩔 수가 없다"(「밤 오는 숲 속으로」, 『아, 입이 없는 것들』) 같은 시구들에서도 알 수 있듯이, 그 모든 경우에, 궁극적으로 시는 삶과 세계의 아득

한 경계를 지향하는 어떤 것이었고, 그 경계에서 시인의 열망은 '붉은 꽃'과 같은 선연한 이미지들을 피워 올리곤 했었다.

 그런데 이번 시집에 실린 시들, 특히 시집의 전반부에 실린 시들 중에는 거의 '산문'(용어의 통상적인 의미에서)에 가까운 시들이 적지 않다. 시집 전체가 산문시들로 이루어져 있기는 하지만, 그중에서도 시인이 보거나 들은 이런저런 '이야기'들을 담담한 어조로 서술하고 있는 시들이 적지 않다는 뜻에서 하는 말이다. 앞에서 예로 든 '들판의 경계'라는 공간 이미지를 시간의 축 위로 옮겨서 말하자면, 시는 비시간적인 어떤 순간의 긴장과 밀도를 지향하는 마음의 움직임, 또는 그 움직임의 열매라고 할 수 있을 것이다. 그렇다면 시간의 선적인 리듬과 논리를 따라가는 시인의 태도를, 시에 대한 열망을 잠시 내려놓은 것으로 해석할 수도 있을까. 물론 그럴 수도 있겠지만, '보아서는 안 될 것'을 이미 보아버린 시인의 운명이 어디 가겠는가. 반지의 모양과 재질은 달라질 수 있어도, "한번 손가락에 낀 반지는 다시 벗을 수 없기 때문"(22)이다. 어쨌든 그런 태도가 무얼 의미하는지 우리 나름대로 한번 해명해보기 위해, 이쯤에서 '나는 시 쓰기를 통해 무엇을 말하고 싶어 하는가'라는 시인의 질문을 '나는 세상에서 무엇을 보는가'라는 질문으로 한번 바꾸어보아도 좋겠다. 근본적으로 말과 봄〔觀〕과 분별 행위 사이에는 차이가 없기 때문이다. 시인은 과연 세상에서 무엇을 보는가. 무엇을 보기에 세상과 불화하고, 무엇을 보기에 화해의 열망으로 부풀어 오르는가.

이전의 시집들에서도 볼 수 있었듯이, 이성복 시인의 시에 등장하는 소위 그로테스크한 이미지들은 생과 사, 정신과 육체, 이상과 물질, 삶의 치욕과 영광 등등의 대립적인 항들이 사실은 한 몸의 두 얼굴과 같다는 인식, 좀더 정확하게 말하면, 그 각각의 대립항 모두가 두 가지 상반된 얼굴을 하고 있다는 인식의 표현들이다. 예컨대

 새벽 오로라 같은 은혜를 너는 받았다고 우기지만, 그건 따로 국밥에 엉킨 선지 덩어리 같은 것이다. 그건 가시 담장에 걸린 비닐 봉다리 같은 것이다. 썩지 않아도 문드러지긴 하는 은혜. 때로 피멍 든 畜生들이 하 아름다워서 '오, 삶은 영원한 것!' 그렇게 속삭이다가 천천히, 천천히 삭아가는 비닐 봉다리. (77)

 미끄러운 마룻바닥을 기면서도 짝짓기를 풀지 않는 것들! 〔……〕 짝짓는 일의 고단함이여, 짝짓는 일의 삼엄함이여! 허공에 침 발라 닦아낼 수 없는 창피함이여! (8)

 말은 〔……〕 제 똥이 말라가는 아스팔트 바닥을 몇 번이고 차보는 것이었다. 거기로부터 이어지는 어두운 낭하를 거쳐, 푸른 말젖이 흐르는 선조들의 하늘로 통하는 길이, 어쩌면 거기 있기나 한 듯이. (10)

생명의 신비와 성스러움은 생명과 소멸의 과정 속에 있는 살과 피, 그 처연한 물질성의 다른 이름일 뿐이다. 시인이 본 세상의 풍경 속에서 살아 있는 모든 것은 물러터지고, 균열이 가고, 죽음에 이르는 과정 속에 있다. 가장 영광스러운 생의 이미지인 '꽃들'조차도 "복수가 차오른 말기 환자"(64)의 배나 다를 것이 없고, 삶은 잠시 '빛내어' 사는 것일 뿐 '꽃 지고' 나면 흔적도 없다. 그래서 때로 산 자들의 어리석음은 죽음의 부식으로부터 삶을 지켜내기 위해 "스텐 강판"(51)을 입히고 "비닐"(36)로 겹겹이 싸고 "콘크리트"(59)로 처바르기도 하지만, 생명의 순환은 "눈치코치"(59) 없이 흐르는 '물' 같은 것이어서 그 모두가 공연한 짓에 그치고 만다. 노화와 부식은 오히려 생명이 그 안에서 숨 쉬고 있다는 사실의 징표가 되고, 역으로 딱딱하게 굳어버린 죽음의 각질 속에서도 생명의 "물기"(6)는 또다시 스며난다. 요컨대 생은 처연하고 속된 동시에 그 폐쇄적인 순환의 범치에 어김이 없다. 결국 생애를 다 살고 거듭 다시 살아도 생명 가진 것들의 운명에는 변함이 없다는 생각, 우리의 고통, 환희, 사랑, 증오 따위도 한갓 어리석은 분별심의 결과에 불과할 뿐, 생사의 순환 고리가 끝없이 반복되는 이 세상에 초월이나 결정적인 구원의 가능성은 존재하지 않는다는 생각—"영원한 수레는 나아가고 헛되이 바퀴는 돌고 도는 것"(45).

그래서 "화장지 행상에 지친 아들의 손발에, 가슴에 깊이 박힌 못을 뽑으시는 어머니"(「어머니 1」, 『남해 금산』), 다시 말해서 "밥이 法"(「밥에 대하여」, 『뒹구는 돌은 언제 잠 깨는가』)이고

"어린 영양의 창자를 끈질기게 물어뜯는 불쾌한 턱주가리"(39)가 삶과 역사의 원형인 것처럼 보이는 세상에서 마지막 위안과 구원의 표상이었던 어머니. "내 종아리에 달라붙어 피를 달라"(52) 하는 "검은"(75) 어머니로 형상화되기에 이른다. 왜냐하면 "처음 내 눈이 어머니 눈을 들여다"(71)본 순간과 '나'가 "어린 소 등가죽에서 파리가 피를"(71) 빨거나 "개가 자지를 세우고 제 새끼를 물어"(71) 죽이는 재앙의 광경을 본 순간은 동일한 하나의 순간이기 때문이다. 다시 말해서 '어머니'는 우리가 생의 축생도에 던져지는 순간에 '이별'하게 되는 어머니, 죽음에 이르러서야 어쩌면 다시 "눈인사"(76)할 수 있을 어머니, 그래서 항상 세상의 풍경 배후에 음각으로 포개어지는, 그리워할 수밖에 없는 어머니인 셈이다. 결국 같은 말이지만, 현실 속에서는 언제나 '병들어' 있고 '죽어가는' 어머니, 이미 항상 '죽어 있는' 어머니인 것이다.

> 하늘의 무서운 새가 내 어머니 물고 간다. 〔……〕 어쩔꼬, 하늘 깊은 둠벙에 내 어머니 빠지신다. 〔……〕 비름박 마른 시래기 같은 어머니 이제 안 보이신다. (34)

그럴 때, 온갖 욕망의 소용돌이가 어지럽게 끓어오르는 삶의 풍경을 바라보는 시인의 눈에 들판은 허허롭게 텅 빈 공간으로 비치고, 삶은 장난 같은 "소꿉놀이"(2)로 보인다. 세상은 텅 빔과 들끓음이 기이한 방식으로 결합된 방식으로 나타나고, "급 브레이크" 소리, "비명 소리" 가득한 밤을 뒤덮고 있는 "고요함"(37), 끓는 가마솥의 '정적'은, 한없이 이어진다. 그리고 삶과 화해하고자 하는 시인의 열망은 "희멀건 동공으로 흐린 하늘을 센베 과자처럼 말아 올린"(38) 여인들의 "몸부림"(38)에서 자신의 운명을 읽어낸다. 그러니 운명의 진실을 마주한 오이디푸스처럼 어찌 눈멀지 않을 수 있겠는가. "희멀건"(38) 눈, "눈짓"(9) 없는 눈, 보는 능력을 상실한 눈—우리의 분별이 가닿을 수 있는 한계가 바로 거기인 셈이다. 삶의 풍경, 세상의 풍경이 보여줄 수 있는 것의 한계 너머를 열망하는 시선, 이미 항상 병들어 있고 이미 항상 죽어 있는 '성모(聖母)'를 그리워하는 간절한 시선—그 시선이 자기 자신에게로 향할 때, 다음과 같은 장면이 눈앞에 그려진다.

나는 주물공장 쇠 부스러기 같은 비를 따라 돌의 늑막 속으로 들어갔다. 내가 마지막 손님은 아니었다. 절 만(卍) 자를 이마에 새긴 뱀이 따라 들어왔고, 뱀은 단춧구멍 같은 별자리 속으로 혀를 밀어 넣었다. 나는 그것이 뱀의 고해라고 생각했지만, 뱀의 몸통은 겁에 질린 어린 양의 목을 한껏 조이고 있었다. 그러니까 그것은 우주 생성의 중간보고 같은 것이었을까. 초대받지 않은 나는 돌의 배꼽을 열고 도망치려 했지만 내 몸의 절반을 뱀은 놓아주지 않았다. 누가 보았다면 돌에도 싹이 나는 줄 알았으리라. (70)

우리는 이 시가 그려 보이고 있는 신화적인 장면을 시인의 세계 인식에 대한 "중간보고"쯤 되는 은유로 읽을 수 있을 것이다. 생명의 순환, 그 단단한 경계 밖으로 나간다는 것은 기적이다. 그리고 사유하는 인간의 시선은 반쯤만 기적이다. 여전히 "내 몸의 절반을 뱀은 놓아주지" 않기 때문이다. 그러니 다시, 이 세상과의 화해를 갈망하는 시인이 시 쓰기를 통해 궁극적으로 말하고 싶은 것이 무엇일까. 이 세상에서 말로 분별해내고 싶은 것이 무엇일까. 끊임없는 유위변전(有爲變轉)의 텅 빈 '중심' 같은 것, 불을 켜면 "고양이보다 빨리 옷장 뒤로 숨는"(48) 어둠 같은 것, 생사를 관통하는 시간의 배후에 항상 음화로 존재하는 '어머니' 같은 것이 아닐까.

시 (20)에서 시인은 사춘기 이후로 차례차례 자신을 사로잡았던 이런저런 삶의 열망과 고통 들이 모두 타인의 "관심을 끌기" 위한 연기에 불과한 것들이었다고 단언한다. 아무렇지도 않은 듯, 자기 자신을 향해 부정의 칼날을 들이미는 시인의 그런 단호함은 읽는 이의 가슴을 서늘하게 만든다. 그리고 같은 맥락에서, 시에 대한 열망으로 괴로워하고 혹은 희열에 젖기도 하는 '나', 그 '나'의 시에 대한 열망의 정체는 대체 무엇이냐고 시인은 질문하는 듯하다. 예컨대 먹고 배설하고 짝짓기하고 생산하는 일과 시를 붙잡고 고통스러워하는 일은 어떻게 다른가. 전자가 "법의 잉걸불 위"에서 "스텝"(78) 밟는 일이라면, 후자 또한 "제가 부는 풍선 속으로 들어가려는"(82) 또 다른 맹목과 집착은 아닌가. 결국 시 또한 '벽-돌'에서 헛것을 보는, '벽-

돌'에 헛것을 그려 넣는 덧없음으로 인식되기에 이른다〔"석천 계곡에서 주워 온 돌 한가운데는 〔……〕 기다림이 오래 깊어 헛것을 보았던가"(4). 사실 이 시는 '벽' 이미지가 '돌' 이미지로 바뀌었을 뿐, 『남해 금산』에 실린 「격렬한 고통도 없이」와 거의 동일한 모티프들로 구성되어 있다〕.

'시는 없다. 시는 가장 큰 환이다.' 세상과 삶의 경계에서 시인이 피워 올리는 환화(幻化)가 '시'라고 한다면, 시인의 욕망은 맹목 중에서도 가장 큰 맹목, 어리석음 중에서도 가장 큰 어리석음이라고 할 수 있을 것이다. 최후의 결정적인 말─분별에 대한 욕망이라는 점에서 그렇다. 그러나 운명은 그것을 허락하지 않는다.

모든 것은 법이다. 편지도 우유도 휘파람도 법이다. 뱀도 사냥개도 금발머리도 법이다. 맑은 시냇물 속 백동전의 '100'자처럼 투명한 법이 아니라, 숯불 위 몸 비드는 아나고처럼 춤추는 법이다. 진흙탕 아나고가 언제 무도학원 다닌 적 있던가. 사교댄스 안 배운 우리도 법의 잉걸불 위에서라면 스텝 기차게 밟을 수 있다. 그러니 잊지 못하는 자여, 이제는 잊어라. 하늘 무덤 위 꽂힌 곡괭이 사슴뿔처럼 빛나고, 지하 정화조 속 시집 못 간 암퇘지 맑은 물로 흐느끼니, 잊지 못하는 자여, 잊지 못하는 자여, 이제는 잊어라. (78)

그렇지만 또한, 어떻게 잊을 수 있겠는가. 다만, 법은 "백동전의 '100' 자처럼" 투명한 실체가 아니다. "부대찌개"(63) 속에서 맹목의 욕망에 이끌려 몸을 뒤트는 모든 것들의 생성과 소멸을 지켜보는 우리의 "눈꼬리로 스쳐간 그 무엇"(58), 그러나 그 "춤"이 아니라면 어디에서도 볼 수 없을 그 무엇, '나'가 아니라면 아무도 말할 수 없을 그 무엇["말들의 회반죽, 거기서 나 말고 누가 잘게 다져진 너희들의 혀를 찾겠는가"(68)]. 그러므로 "박제 홍방울새"를 만드느라 "날개를 부러뜨리고, 눈알을 파내고, 내장을 까뒤비고"(93) 난 뒤의 계면쩍음과 허탈함에도 불구하고, 생명이 그릇을 바꾸어가며 끊임없이 생사를 반복하듯 '노래' 또한 쉼 없이 말을 바꾸어가며 계속될 수밖에 없다. 문제는 결국 끊임없이 "다른 뚝배기 속에 생을 다시 끓여내는 일"(97)이기 때문이다.

근심하지 마라, 시방세계 어디서나 그대 이별의 제삿밥 얻어먹을 것이니, 지금은 다만 추억의 할례를 근심할 때. 불붙지 않는 밤의 석탄 속에서 생라면처럼 부서뜨려야 할 기억, 혀의 죽은 고사리와 찢긴 글자의 모래 삼키며, 그대 이별은 수탉의 되새김 위가 되고, 반야바라밀다의 학문이 된다. 근심하지 마라, 지금은 다만 추억의 씨받이를 부를 때. (67)

애인아, 이제 흐르면서 우리 화해하자. (74)

시인은 이제 '나'의 모든 선입견과 집착을 내려놓고 마치 처음인 듯, 삶의 풍경 하나 하나, 시간의 마디 하나 하나를 '있는 그대로' 다시 바라보고자 시도한다. "그렇게 소중했던가, 그냥 두고 올 생각 왜 못 했던가. 꿈 깨기 전에는 꿈이 삶이고, 삶 깨기 전에 삶은 꿈이다"(18). 그리고 문득 시인 앞에 던져진 한두 마디 말에서 출발한다는 점에서, 그 사유 방식은 선(禪) 수행의 화두 잡기와 유사하다. 그러나 중요한 것은 선적인 세계관이기보다는 선 수행의 방법론이랄 수 있는 철저한 부정의 정신이다. 그 부정의 정신은 앞에서 "말의 배꼽"이라는 은유를 통하여 우리가 확인한 바 있는, 말이 근본적으로 '매개의 형식'일 뿐이라는 인식, 뒤집어 말하면, 말을 매개로 하지 않는 '관(觀)'은 없다는 인식과 관련이 있다.

그리고 그 첫번째 표면적인 결과가 스스럼없는 구어체의 어법일 것이다〔"동네 할매들과 아침 테니스 한판 붙으려고"(13), "72평 아파트 사는 승엽이 엄마"(14), "지금은 비엠더블유 굴리고"(19), "화가는 한참 처다보더니 쌩까버렸나"(20), "제 할 일 칼같이 하는 아이"(29)〕. 그런 시들을 읽노라면 우리는 삶의 풍경을 제대로, 바로 보기 위한, 정신의 '체조' 같은 것을 하고 있다는 느낌을 받게 된다. 체조가 건강을 염려하는 사람들의 몸놀림이듯이, 그 시들은 '시의 건강'(결국 형용 모순이긴 하지만)을 염려하는 시인의 '사유의 요가'에 가깝다. 삶의 일정한 사태 앞에서 일상 언어의 리듬, '산문'의 리듬에 한 마디 "말의 뼈다귀"(43)를 박아 넣기〔"말 한 마디가 척추를 곧추세운다"(43)〕, 보고 말하는 행위가 이미 분별이라면 분별의 쓸모를 오직 앞선 분별지의 한계를 드러내는 것으로 엄격히 한정 짓기, 그럼으로써 굳어버린 사유의 관절을 비틀어 꺾기.

그러한 사유의 움직임은 때로 질문의 형태로〔"어떤 은혜를 말하는가"(77), "넌 누구냐?"(74), "그러고 나면 또 뭐 할건데?"(30), "꽃피지 말라 하면 안 필 것도 아니잖니?"(76)〕, 또 때로는 망설임과 주저의 형태로〔"신비라 할까"(39), "뭐 그런 소릴 할 수도 있겠다"(5)〕, 더 빈번하게는 금지의 형태로 표출되기도 하고〔"진실이니 거짓이니 그런 시비는 벌이지 마라"(42), "고깃덩어리라 해선 안 되고"(62)〕, 풍자적인 유머와 반어법의 형태로 나타나기도 한다〔"내 마음 일편단심, 나는 철갑을 두른 중세 기사가 아니지만, 내게는 오직 한 분, 내 가난한 테니스를 번번이 좌절시키는 일흔일곱 살 회장 할머니가 있다"(13), "뻐꾸기 한 마리 날아갔다니 애 많이 썼다"(80)〕. 맹목의 어리석음에게는 분별의 지혜를 말해주고, 분별의 미망에게는 "모든 것은 법"(78)이라고 말해주고……

그러나 그 부정의 변증법은 결코 합(合)에 이르지 못하는 변증법이다. 다시 말해서 그 쉼 없는 부정의 연쇄 끝에 우리의 눈에 드러나는 생의 신비는 한결같이, 대립적인 요소들이 서로를 부정하면서 되비추고 되비추면서 부정하는 그런 양상으로 나타난다〔"꼭 그래야 하는 건 아니지. 하지만 그럴 만도 해"(91). "나는 〔……〕 끊는다, 〔……〕 끊겠다는 집념의 어리석음"(92). "이래저래 삼십 방"(79)〕. 결국 우리의 눈은 맑아지는 것이 아니라, 역설적이게도, 뿌옇게 "뼈다귀 고은 국물"(96)처럼 다시

흐려진다.

"서로의 눈을 다시 찌를지도 몰라, 우리는 반지를 나누었다."(94)——반지는 일종의 '사랑의 지혜'를 말해주는 은유일 것이다. 그 비어 있는 중심은 결코 이루어지는 법이 없는 약속과 항상 배반당하는 우리의 열망을 동시에 의미한다. 그러니 남은 일은 그저 '제사' 지내는 일, "제삿밥" 얻어먹는 일(67)이라는 지혜.

결국 이번 시집에서 읽을 수 있는 시인의 시적 사유의 여정을 우리는 '나갔던 문으로 들어갔다가 되돌아 나오는 형국'에 비유할 수 있을지도 모르겠다. 그 여정의 끝에서 우리는, 있음과 없음을 한꺼번에 말하기 위한(그래서 갈수록 말의 리듬은 빨라지고 호흡 또한 격해진다) 역설의 수사와 이미지들을 다시 만난다. 시 (61)이 두 남녀의 욕망을 통해 그려 보이는 상황처럼, 말-분별에의 욕망은 근본적으로 부조리한 욕망이다. 결국 역설은 이중의 긍정과 부정을 통하여, 말의 틈새 시이로 타자를 빠져나가게 해주는 언어, 숨쉬게 해주는 언어라고 할 수 있을 것이다. 분별하되 또한 분별하지 않음으로써 "길 없음의 삶의 길"(99)이라는 것을 보여주는 언어.

나는 너의 이름을 끊는다, 다시는 속지 않겠다고. 끊을 수 없는 것을 끊겠다는 집념의 어리석음. 내 어리석음만큼의 길이와 굵기를 가진 너의 이름. 악어가죽처럼 꺼칠꺼칠하고, 촌충처럼 마디마디 끊어지는 이름. 그러나 알고 보면, 네 이름은 네 환상이 내 환상을 끊어내는 자리. 국수 뽑는 기계처럼 여러 다발 환상이 '끙' 하는 소리도 없이 내려오는 자리. 네 환상이 내 환상을 똥 누는 자리. 만약 네가 '어휴, 저질' 하고 얼굴 찡그린다면, 그냥 '누는' 자리. 丸藥같이, 토끼똥같이 동글동글 잘 마른 너의 이름. (92)

"끊을 수 없는 것을 끊겠다는 집념의 어리석음"——이때, '끊는다'는 말의 함의는 이중적이다. 하나는 단호한 결별의 의미이고, 다른 하나는 '마디마디 토막을 낸다'는 의미이다. 그러므로 "끊을 수 없는 것을 끊겠다는 집념의 어리석음"이라는 표현 속에 시인의 딜레마가 고스란히 담겨 있는 셈이다. 1) '너'는 분별의 한계를 넘어선다. 그럼에도 '나'는 '너'를 분별하지 않을 수 없다. 2) '너'는 "미끄러워 잘 썰리지도"(100) 않는다. 그럼에도 '나'의 분별은 '너'를 토막토막 끊어낸다. 3) "너의 이름"은 "네 환상"이 "내 환상"을 낳는/무효화시키는 자리이다. 4) '나'는 "네 환상"을 먹고 "여러 다발"의 "내 환상"을 배설한다. 5) '나'의 "되새김 위"(67)를 거쳐 나오지만, 그 환상은 '내 것'이 아니다.

그러므로 '있는' 것은 허기이고, 욕망일 뿐이다. 『달의 이마에는 물결무늬 자국』은 생명 있는 모든 것들을 이리저리 끌고 다니는 '알록달록한' 허기들, 삶의 풍경들을 만들어나가는 허기의 정체에 대해 말하고 있는 시집이다. 그리고 그 제일 앞에 오는 것이 시인 자신의, 시인으로서의 허기, 시에 대한 허기인 셈이다.

그런데 내려놓아도 이내 마음속에 되살아나는 그 열망, 우리가 지상의 가장 낮은 곳을 지나갈 때를〔"영동대교 다리 밑을 지나가기를"(11)〕기다렸다가 불쑥 솟아오르는 그 '노래'를, 헛것이라고 내칠 수 있을까. 그런 열망을 우리는, 은유적으로, '깊은 오후의 열망'이라 이름 붙일 수 있지 않을까.

골목 안 낙원 밥집 딸내미는 웃는 상이다. 방 안엔 오십대 후반 아줌마들의 계모임, 다단계 판매 얘기로 언성 높인다. 주방엔 가득 쌓인 조기 새끼들 굽는 마른 마늘쫑 같은 할매들. 빛 안 드는 낙원 밥집 차양에 붉은 녹 떨고, 끈끈이에 붙은 파리 떼 선풍기 바람이 즐겁다. 골목 안 낙원 밥집, 딸내미 나기 전부터 이 골목에 있었으니 주방에서 안방으로, 안방에서 주방으로 여자들 자리만 옮길 뿐. 비닐 랩에 싼 찬그릇 스텐 쟁반에 이고 낙원 밥집 딸내미 배달 나간다. 선풍기 바람에 날리는 끈끈이처럼 두 팔 내저으며. (36)

"비닐 랩"으로 싸고, "스텐"으로 윤을 내어보아도 세월의 부식은 막을 수 없고, "선풍기 바람"을 쐬어보아도 "끈끈이"처럼 달라붙는 누추함은 어쩔 수 없고, 맹목의 욕망에 "언성"을 높여보아도 그저 "자리만" 옮겨 앉는 꼴이 되고 마는 삶. 세월 속에도 너무나 자연스럽게, 당연하다는 듯이, 시들고 허물어져가는 삶──그 삶의 정경에서 묻어나는 나른한 리듬은 못내 평화롭기까지 하다. 그러니 여기 이 '밥집'이 바로 '낙원'인가. 시의 제목 밑에 인용된 프로스트의 시구, "그렇게 에덴은 슬픔에 잠기고,/ 새벽은 한낮이 된다"라는 묵시록적인 구절은 일단 '그렇다'고 말하는 듯하다. 다만, 그것은 오후의 정적 속에 빠져 있는 낙원이고, 자신의 쇠락 속에 일종의 음화처럼 낙원의 기억을 간직하고 있는 낙원이다. 결국 그 정경에서 시인이 보고 있는 것은 시인 자신의 열망이고 "기다림"(4)일 뿐이다. 그리고 '나'의 "늙어가는 몸"이 "내가 욕망하는 사람의 욕망이 될 수"(26) 없는 것처럼, '나'의 욕망도 그 삶의 풍경을 비껴간다.

그런 식으로 '나'의 기다림은 한없이 이어지고, '나'의 열망 속에서 삶의 풍경들은 말로 바뀐다. 그러면서 일종의 범주화 과정을 겪는다. 일종의 원형적인 구조가 삶의 다양한 풍경들 속에 반복되고 있음을 시인은 보는 것이다. 그래서 가장 일상적인 삶의 풍경들이 문득 신화나 설화 속의 풍경들과 겹쳐지면서, 동시에 어긋나기도 한다. 시 (15)는 "달 밝은 밤"의 풍경이 떠올려 주는 조화로운 모성의 세계에 대한 그리움으로 잠들지 못하는 '나'의 안타까운 마음을 그리고 있다. 그리고 그런 밤이면, "내 딸은 나보고 달보기라 한다. 내 이름이 성복이니까. 별 성 자 별보기라고 고쳐 부르기도 한다. 그럼 나는 그애보고 메뚜기라 한다. 〔……〕 그러면 호호부인은 호호호 입을 가리고 웃는다." 안타까운 '나'의 열망이 문득 사랑하는 사람들을 아이처럼 순진한 설화의 세계 속으로 끌어올린다. 그러나 이내 "벼랑의 붉은 꽃 꺾어 달라던 水路父人보다 내 아내 못할 것 없지만, 내게는 고삐 놓아줄 암소가 없다"라는 탄식이 뒤를 잇는다. "우리는 이렇게 산다. 오를 수 없는 벼랑의 붉은 꽃처럼, 절해고도의 섬처럼, 파도 많이 치는 밤에는 섬도 보이지 않는, 절해처럼." 그러므로 삶이 "절해"처럼 막막해지는 까닭은 일상의 삶과 설화 속의 삶이 절대로 하나가 될 수 없다는 사실에, 또는 역설적으로 말해서, 그 둘이 '둘'이 아니라는 사실에 있다. 왜냐하면, '이 삶'의 바깥은 "지도"(「口話」, 『뒹구는 돌은 언제 잠깨는가』)에 없기 때문이다. 덧없는 환(幻), 바로 그 환이 "늙어가는 나에게 빌려준 힘으로"(49) 내가 "밀어"(49)보기도 하는, 그런 환.

다만 시인은 "만젤쉬땀의 시는 아내의 기억력으로 살아남았다"(100)라는 사실에서 그나마 어떤 위안과 희망을 찾아내는 것인지도 모르겠다. 기억에서 기억으로 "이별의 미사"(67)는 전해지고, "우리 어머니 해주지 않았으면 있지도 않았을"(33), 그렇지만 내가 말하지 않아도 "세상엔 쌔빌린 이야기"(33), 영원히 떠나가는 것을 위해 짓는 '옷 – 집', "복수가 차 오른 배"(65)를 덮는 "얇은 꽃무늬 이불"(64)의 가난한 역사는 계속 이어지리라는 희망.

〔2003〕

|기획의 말|

 1975년 출범하여 오늘까지 이어져온 '문학과지성 시인선'이 독자들의 사랑과 문인들의 아낌 속에 한국 현대시의 폴리스Polis를 이루게 된 사실은 문학과지성사에 내린 지복이기도 하지만 동시에 한국시를 즐겨 읽는 독자들에겐 '상리공생(相利共生)'의 사안이기도 하다. 왜냐하면 한국시의 수준과 다양성을 동시에 측량할 수 있는 박물관의 역할을 이 시인선이 해줄 수 있기 때문이다. 요컨대 여기는 한국시의 '레이나 소피아Reina Sofia'이다. 시의 '뮤제오 프라도Museo Prado'가 보이지 않는 게 아쉽긴 하지만.
 그러나 '문학과지성 시인선'이 현대시의 개성들을 다 모아놓고 있다고 오연히 자부할 수는 없다. 시인선의 편집자들이 한국어의 자기장 내에서 발화하는 시의 빛점들을 포집하기 위하여

고감도 안테나를 드넓게도 촘촘히도 작동시켰다 하더라도, 유한자 인간의 "앨쓴"(정지용, 「바다」) 작업은 빈번히 누락과 착오로 인한 어두운 그늘들을 드리워놓기 십상이기 때문이다. 환상과 우연의 힘들은 완전하고자 하는 의지를 김 빼는 한편, 우리의 울타리 바깥에서도 시의 자치구들이 사방에 산재해 저마다 저의 권역을 넓혀나가고 있다는 사실을 확인케 해 새삼 우리를 겸허한 반성 쪽으로 이끌고 간다.

모든 생명적 장소가 그러하듯이 시의 구역들 역시 활발한 대사 운동 끝에 팽창과 수축을 거듭하면서 크게 자라기도 하고 소멸되기도 한다. 때로는 구역의 진화와 시의 진화가 심히 어긋나는 때가 있으며, 그중 구역은 사용을 멈추었는데 시는 여전히 생생히 살아 있을 경우야말로 애달픈 인간사 그 자체가 아닐 수 없다. 외로 떨어진 시 덩어리는 우주선과 잡석들이 빗발치는 망망한 말의 우주의 유랑자의 위상에 처하게 되고 갈 곳 모른 채 표류하다가 서서히 소실의 검은 구멍 속으로 빨려 들어가거나 완벽한 정적의 외진 구석에 유폐된 채로 그 자리에서 먼지로 화할 수도 있을 것이다.

실로 한국 현대시 100년을 경과하면서 역사의 무덤 속으로 들어가기를 거절하고 삶의 현장에 현존하고자 하는 의지를 내뿜는 시뭉치들이 이곳저곳에서 출몰하는 횟수를 늘려가고 있었으니, 특히 20세기 후반기에 출판되었다가 다양한 사연으로 절판되었거나 출판사가 폐문함으로써 독자에게로 가는 통로를 차단당한 시집들의 사정이 그러하여, 이들이 벌겋게 단 얼굴로 불현

듯 우리 앞을 스쳐 지나갈 때마다 우리는 저 시뭉치의 불행과 저들과 생이별하여 마음의 양식을 잃은 우리의 불운을 한꺼번에 안타까워하는 처지에 몰리게 된다.

그리하여 우리는 '문학과지성 시인선' 내부에 작은 여백을 열고 이 독립 행성들을 우리 항성계 안으로 모시고자 한다. 이는 '시인선'의 현 단계의 허전함을 메꾸기 위함이요, 돌연 지구와의 교신망을 상실한 시뭉치에 제2의 터전을 제공하기 위함이요, 독자의 호시심(好詩心)에 모자람이 없도록 하고자 함이니, 이 삼중의 작업을 한꺼번에 이행함으로써 우리는 한국시에 영원히 마르지 않을 생명샘의 가는 한줄기가 될 수 있기를 소망한다.

이 작업을 통해서 우리는 옛것의 귀환이라는 사건을 때마다 일으킬 터인데, 이 특별한 사건들은 부족을 메꾸는 부정−보충적 행위를 넘어 새로운 시의 미각적 지대, 아니 더 나아가 새로운 정신적 지평을 여는 발견적 행동이 되고야 말리라는 것을 확신하는 바이다. 우리가 특별히 모실 이 시집들의 숨겨진 비밀이 워낙 많다는 뜻을 이 말은 품고 있거니와, 진정 이 시집들은 처음 세상에 모습을 드러내었던 당시 독자를 충격했던 새로움을 보존할 뿐만 아니라 같은 강도의 미지의 새 새로움의 애채를 옛 새로움의 나무 위에 돋아나게 해줄 것이 틀림없다. 그리하여 독자는 시오랑E. M. Cioran이 언젠가 말했듯 "회상과 예감réminiscence et pressentiment이 반대 방향으로 멀어지기는커녕, 하나로 합류하는"(「생−종 페르스Saint-John Perse」, 『예찬 실습 Exercises d'admiration』 in 『저작집 Œuvres』, Pleiade/Gallimard, 2011)

희귀한 체험을 생생히 누리리라 짐작하거니와, 이 말의 주인이 그 체험의 발생주체로 예거한 시인을 가리켜 "모든 시간대에서 동시대인으로 존재하는 사람un contemporain intemporel"이라고 말했던 것과 마찬가지로, 이 체험의 신비함이야말로 모든 시간대에서 최고의 신선도로 독자를 흥분케 할 것이다.

  그렇긴 하지만 우리는 이 재생의 사건들을 특별히 꾸리는 별도의 총서는 자제하였다. 그보단 우리의 익숙한 도시인 '문학과지성 시인선' 안에 포함시키고자 하는데, 우리의 '시인선' 자체가 늘 그런 신비한 체험을 독자들에게 제공해주기를 기대하기 때문이다. 다만 아주 시치미를 떼어서 독자를 정보의 결핍 속에 방치하는 우를 범할 수는 없는 연유로, 처음부터 시작하는 번호에 기호 R을 멜빵처럼 감춰서, 돌아온 시집임을 표지하고자 한다. R은 직접적으로는 복간reissue의 뜻을 가리키겠지만 방금의 진술에 기대면 이 귀환은 곧 신생과 다름이 없어서, 반복répétition이 곧 부활résurrection이라는 뜻을 함축할 뿐 아니라 더 과감히 반복만이 부활을 가능케 한다는 주장까지 포함할 수 있을 것인데, 그 주장이 우리 일상의 천편일률적이고 지루하고 데데한 반복을 돌연 최초의 생의 거듭남으로 변신시키는 마법의 수행을 독자들에게 부추길 것을 어림한다면, 그것은 아무리 되풀이 강조되어도 지나치지 않을 것이다. 더욱이 어느 현대 시인은 "R이 없어서, 죽음은 말 속에서 숨 막혀 죽는다 *Privé d'R, la mort meurt d'asphyxie dans le mot*"(에드몽 자베스Edmond Jabès, 『엘, 혹은 최후의 책*El, ou le dernière livre*』,

1973)는 촌철로 언어의 생살을 도려내었으니, R을 통해서만 언어는 존재의 장식이기를 그치고 죽음조차 삶의 운동으로 되살리는 것이다.

그러니 '문학과지성 시인선'의 새로운 R의 행렬 속에서 우리가 독자들에게 바라는 것은 이 한 글자의 연장이 무엇이든 그 안에 숨어 있는 한결같은 동작은 저 시인이 암시하듯 숨통 터주는 일임을 상기해달라는 것이다. 이 혀를 안으로 마는 짧은 호흡은 곧이어 제 글자의 줄이 초롱처럼 매달고 있는 시집으로 이목을 돌리게 해, 낱낱의 꽃잎처럼 하늘거리는 쪽들을 흔들어 즐겁고도 신기한 언어의 화성이 울리는 광경을 마침내 목격하고 청취하는 데까지 당신을 이끌고 갈 수 있을 터이니, 그때쯤이면 이 되살아난 시집의 고유한 개성적 울림이 시집에 본래 내재된 에너지의 분출이면서 동시에 그것을 그렇게 수용하고자 한 독자 자신의 역동적 상상력의 작동임을 제 몸의 체험으로 느끼게 되리라.

㈜문학과지성사